贵州幼儿美术欣赏教案集

任正慧 ◇ 主 编

贵州大学出版社
Guizhou University Press

图书在版编目（ＣＩＰ）数据

贵州幼儿美术欣赏教案集 / 任正慧主编 . -- 贵阳：
贵州大学出版社，2023.12
　　ISBN 978-7-5691-0845-3

　　Ⅰ．①贵… Ⅱ．①任… Ⅲ．①美术课－教案（教育）－
学前教育 Ⅳ．① G613.6

中国国家版本馆 CIP 数据核字 (2024) 第 010092 号

贵州幼儿美术欣赏教案集

主　　编：任正慧

出 版 人：闵　军
责任编辑：赵广示
责任校对：杨小娟
装帧设计：陈　艺　方国进

出版发行：贵州大学出版社有限责任公司
　　　　　地址：贵阳市花溪区贵州大学北校区出版大楼
　　　　　邮编：550025　电话：0851-88291180
印　　刷：贵州思捷华彩印刷有限公司
开　　本：720 毫米 ×1000 毫米　1/16
印　　张：11
字　　数：169 千字
版　　次：2023 年 12 月第 1 版
印　　次：2023 年 12 月第 1 次印刷

书　　号：ISBN 978-7-5691-0845-3
定　　价：38.00 元

前　言

贵州是古人类发祥地之一，早在 24 万年前，就有人类栖息繁衍，已发现石器时代文化遗址 80 余处。其中，观音洞旧石器遗址被正式命名为"观音洞文化"，对研究中国旧石器时代的起源和发展具有重要的科学价值。春秋以前，贵州为荆州西南夷，属于"荆楚"或"南蛮"的一部分。战国后期，夜郎国逐步发展成为西南地区的大国之一，夜郎国大部分疆域在今贵州境内。因此，贵州古时被称为"蛮夷之地""夜郎国"。至今，贵州的一些地区还遗留夜郎文化的部分因素。

发扬和传承民族文化是教育工作者应尽的职责。我国自古以来就是一个统一的多民族国家，55 个少数民族在 5000 多年历史长河中，经过不断发展与融合，形成了丰富而又多姿多彩的文化体系。作为教育工作者，我们有责任和义务把这些灿烂的民族文化传承给孩子们。

贵州是少数民族聚集地，这里生活着苗、瑶、侗、布依等少数民族，是一个有着 18 个世居少数民族的省份。千百年来，各民族之间繁衍生息，世代相传，共同创造了多彩缤纷的贵州少数民族民间文化宝库。贵州是山的国度，自然风光景色宜人，气候条件适合居住，文化、风俗、习性、节日、美食等日常生活的方方面面，都反映了贵州民族民间文化艺术的精美绝伦，令人心驰神往。就是这些民族民间文化的多样性和差异性造就了多彩贵州。多彩贵州现已受到越来越多的国内外人士的关注和喜爱，不断地吸引众多的作家、画家、摄影家前来采风。

《贵州幼儿美术欣赏教案集》源于课题组开展的"幼儿审美艺术教育的途径与方法——基于贵州民族民间文化的幼儿美术欣赏教育活动"课题的研究成果。课题组将一些能反映贵州民族民间艺术的内容，通过美术欣赏教学活动设计的形式，分别在贵阳市观山湖区第一幼儿园、贵阳市花溪区第二幼儿园、贵阳市花溪区第三幼儿园、贵阳市花溪区青岩幼儿园、贵阳市观山湖区第三十九幼儿园等五所幼儿园进行教学与研究，最终形成了本教案集。

课题组在研究的过程中充分研读了南京师范大学屠美如博士团队撰写的《儿童美术欣赏教育研究》一书，使我们清晰地认识到美术欣赏活动是幼儿观赏作品时特有的一种精神活动，包含了幼儿对现实生活和社会生活的感受和理解。幼儿根据自己的情感和生活经验来理解或解释作品，引起情感上的共鸣，从中受到教育和美的熏陶。幼儿通过对美术作品的感受、想象、体验、理解来了解世界、认识世界。因此，美术欣赏对幼儿塑造健全人格有着非同寻常的作用。

课题组认识到美术欣赏对幼儿发展的重要性，结合贵州多彩的民族民间文化，围绕绘画、工艺品、雕塑、建筑这四个方面为幼儿筛选可行的美术欣赏教学内容。这些内容易于为幼儿所理解、接纳和认知。关于美术欣赏教学方法，我们遵循描述—形式分析—解释—评价四个步骤完成。同时，还鼓励幼儿在美术欣赏后将自己欣赏到的、感受到的、体验到的，甚至是想象到的作品内容画出来，并将作品内容讲述给成人听，教师记录好并复述给幼儿听，幼儿确认后，教师将幼儿的作品展示在墙面上供其他幼儿欣赏。这能快速了解幼儿内心的审美感受，为接下来的教学活动提供准备。

本书中的幼儿创作部分，教师运用上海现代儿童美术馆薛文彪馆长的借形想象方法，鼓励幼儿大胆地创作与表现。借形想象是薛文彪根据幼儿想象、创造和表现力的发展轨迹提出的一个教育理念。该理念主张通过相关、相似、相对等系列联想，运用各种绘画方式创造出新的形象。如在生活中看见地上的水迹、天上的云朵、水中的浮萍、随意的线条等不同的形态能联想到小狗、小猫、动车、飞机等。幼儿的作品造型自然随意、奇特多变，充满了想象，画面呈现出很多的惊喜。

《贵州幼儿美术欣赏教案集》分为四个部分，第一部分由潘俊霖、王娴负责编写，第二部分由岳玲、陈世仙负责编写，第三部分由余庆红、唐永娟负责编写，

第四部分由胡链、邹德媛负责编写。本教案集虽然都是一线教师编写，但仍存在很多不足和疏漏，敬请读者谅解，希望能给大家带来一些启发。

在这里，要感谢南京师范大学屠美如博士团队的老师们，感谢上海现代儿童美术馆薛文彪馆长，感谢撰写教案的老师们。我们课题组还会继续研究，不断补充和完善内容，为传承贵州民族民间文化做出自己的贡献。

目　　录

第一部分　绘画

简介

　　贵州民族民间绘画作品，包含了油画、版画、农民画、山水画等种类，这些画种，既展现了贵州劳动人民的生产和生活画卷，同时也反映了贵州秀美的山水面貌。孩子在欣赏中，能真切地感受到贵州绘画作品的美，了解到贵州人民的美好生活。

　　贵州自然风光摄影作品，就像一幅幅美丽的画卷。多彩的贵州，秀美的山水，深深地吸引着人们，如花溪的桥、从江的梯田、安顺的龙宫、毕节的百里杜鹃、铜仁的梵净山、兴义的万峰林、荔波的大七孔和小七孔等，景色迷人，令人心旷神怡。课题组将自然风光摄影作品归类到了美术这个板块，就是要孩子们去感受大自然的美，欣赏大自然的瑰丽，从而获得美的体验。

　　贵州少数民族文字，造型奇特，可供孩子们欣赏与展开想象。贵州是多民族、多语种的西部高原省份，许多少数民族如水族、彝族、布依族都有自己的文字，不同的民族文字代表并传承着各自的民族文化。因此，课题组将贵州的少数民族文字归类到了美术这个板块，设计了美术欣赏活动，让孩子们在活动中，欣赏和感受民族文字的神奇之美。

　　课题组认为生活中真实又突出存在且不容忽视的内容有很多，其对开展幼儿美术欣赏活动有很高的价值。孩子们更应该学会欣赏在日常生活中随处能看见的学习内容。

☺ **美术欣赏**

大山的节日（中班）

贵阳市观山湖区第一幼儿园　余丽丽

活动目标：

1. 欣赏绘画作品《大山的节日》的内容、色彩等，并表达、记录自己的欣赏感受。

2. 尝试绘画苗族"闹冲节"的场景，体验作画的乐趣。

活动准备：

1. 物品准备：欣赏的绘画作品、PPT、画笔若干、画纸（人手一张）、大KT展示板一块、小椅子（围成半圆形）、多媒体设备一台。

2. 经验准备：与家长一起了解苗族"闹冲节"，这是苗族村寨最隆重的传统节日之一。

活动过程：

1. 谈话导入，引起幼儿的兴趣。

✿ 提问：

（1）小朋友们，节日活动你们都会做什么事情呢？

（2）谁来说一说你了解的"闹冲节"？

2. 欣赏、感受作品《大山的日子》。

✿ 提问：

（1）你喜欢这幅作品吗？最喜欢作品的什么？（引导幼儿从情感、内容、色彩等方

面去描述）

（2）说一说，你在作品中看到了什么？

3.探索发现，表演作品。

❀ 提问：

（1）你觉得这幅画中，展现的是苗族"闹冲节"中什么样的场景呢？（人物的穿着、动作、神态、背景）

（2）我们一起来学一学他们的动作吧。你还知道哪些"闹冲"的活动吗？

（3）如果请你绘一幅展现节日氛围的画，你会怎样画？画什么内容？会运用哪些颜色？（引导幼儿站在自己的角度讲述自己对苗族"闹冲节"的理解，对比画家的作品，深入地感受画家的创作思路）

4.激发创作欲望。

（1）创作绘画：请幼儿选择"闹冲节"中热闹的场景，绘画一幅作品。

（2）播放轻音乐，鼓励幼儿绘画，教师观察，并提示幼儿：把你刚才想到的，有谁在这里做什么，都添加到画面中吧！

5.欣赏与评价。

❀ 提问：

（1）你画的是"闹冲节"的什么场景？美在什么地方（从颜色、线条、构图等方面描述）

（2）你同伴的作品呢？美在什么地方？

附　件

1. 教学方法

观察法：引导幼儿由简到繁，由易到难，循序渐进，了解和欣赏作品《大山的日子》。使用从造型、结构到色彩以及从整体到局部再到整体的观察顺序，同时注意用启发性和艺术性的语言引导幼儿进行观察，帮助幼儿积累内在图式，深化幼儿的认知，使他们获得鲜明、深刻、完整的视觉体验，提高他们的审美感知能力。

操作法：以游戏的形式，让幼儿在积极愉快的状态下绘画，把视觉形象变为视觉运动形象，提高手眼协调能力，培养幼儿对美术活动的兴趣。

体验法：为幼儿创设宽松的心理环境和充满情感色彩的审美环境。引导幼儿进行情感体验时，通过幼儿平时节日活动的动作模仿，有意识地引导幼儿对"闹冲节"活动进行想象和体验，同时对内在的表象进行加工和改造，使之能在头脑中形成视觉形象。

2. 相关知识

"闹冲节"是苗族村寨最隆重的传统节日之一。"闹"即热闹，"冲"指山冲，就是说山冲里的苗族村寨在度过热闹的节日。"闹冲节"是苗族同胞在春天农忙前到山上踏春，参加吹唢呐、赛斗牛、唱山歌等活动，祈求一年风调雨顺、粮食丰收的民族节日。

3. 欣赏图片

图一

（贵阳市观山湖区第一幼儿园　余丽丽临摹）

美术欣赏

花儿朵朵开（大班）

贵阳市观山湖区第一幼儿园　王娴

活动目标：

1. 引导幼儿欣赏民族民间绘画作品《千面——花儿朵朵》，了解构图、颜色和人物造型特点等绘画内容。

2. 感知作品所展现的贵州人民如花朵般独特并生生不息的意境。

活动准备：

绘画作品、歌曲《你笑起来真好看》、小椅子（围成半圆形）、六张桌子、纸和画笔。

活动过程：

1. 教师用歌曲导入，激发幼儿的兴趣。

教师播放歌曲《你笑起来真好看》，并引出重点歌词："你笑起来真好看，像春天的花一样。"

❀ 提问：

为什么说人笑起来像花儿一样呢？一年四季都有花开吗？

2. 教师出示作品，请幼儿和教师一起观察并让幼儿描述他所看到的画面。

教师出示耿翊作品《千面——花儿朵朵》，请幼儿细致观察。

❀ 提问：

（1）你们看到了什么？这幅作品一共有多少个面孔？

引导孩子们观察绘画作品的构图特点。

🌸 提问：

（2）你们最喜欢哪个面孔？这24个面孔都有什么不一样的地方？又有哪些一样的地方？

引导幼儿感知作者如何在绘画中表现人物的造型特点。

3.发现并讨论作品的构图特点与线条和色彩的运用。

让幼儿了解《千面——花儿朵朵》运用到的均衡构图方法，即在多样中求统一，在统一中求变化。

教师介绍作品的背景和寓意，小结作者的构图特色、人物突出造型和线条运用等作品特点。

4.了解绘画特色，展开想象，表达绘画寓意。

教师引导幼儿观察整幅作品，介绍点评画面色彩。

🌸 提问：

（1）作品中用到了什么样的颜色？你觉得好看吗？为什么？

（2）如果你来画，你想怎么画？画谁？用什么颜色？

引导幼儿观察作品的人物形象特点，如留白、银饰、五官神态等等。

5.幼儿根据自己的体会绘画自己的作品并与大家分享，相互评价。

幼儿以苗族的盛大节日为主题，设计一个苗族的妆容和服饰。

幼儿绘画完毕后，请他们介绍自己的作品，也请别的小朋友欣赏作品并表达自己的想法。

重点对自己的绘画作品所运用的线条、色彩和构图等方面的介绍。

附　件

1. 教学方法

对话法：通过教师的提问，小朋友之间相互探讨，发现作品《千面——花儿朵朵》是由 24 个面孔组成的，这些面孔都有相同和不同之处。人物的线条和服饰不一样，但是人物脸上的妆容都有白色的留白，色调统一，不浓厚。

比较法：将这 24 个面孔进行比较，每个面孔的色调、人物线条都有相同之处，不同的地方有人的五官神态、银饰图样等等，初步了解作者在绘画中如何运用均衡手法构图。

体验法：孩子们听着音乐，想象着"花儿一样的笑容"，拿着画笔画出不同妆容的自己或者小伙伴。

2. 相关知识

《千面——花儿朵朵》是一幅具有我们贵州民族民间特色的绘画作品，是以苗族姑娘为背景进行创作的。在贵州，每逢重大节日，苗族姑娘们都会穿上她们自己制作的盛装，装点节日氛围。这幅画以黔东南地区的苗族盛装人物形象为代表题材，画面由 24 个面孔拼接组成，每一个面孔都美得像花儿一样，故取名"千面——花儿朵朵"。该画在画面语言上借鉴中国传统绘画中线条造型的特点以及西方绘画中的色彩体系，最终以灵动的造型和清雅的色彩充分表达"多彩贵州"这一主题。

3. 幼儿作品

美术欣赏

春染侗寨（中班）

贵阳市观山湖区第一幼儿园　潘俊霖

活动目标：

1. 欣赏绘画作品《春染侗寨》的内容和色彩。

2. 表达、记录自己的欣赏感受。

活动准备：

1. 物品准备：绘画作品、PPT、画笔若干、画纸（人手一张）、大KT展示板一块（板子中间贴有《春染侗寨》作品）、小椅子（围成半圆形）、多媒体设备一台、桌椅若干。

2. 经验准备：让幼儿利用周末与家长共同观察周围的春天景象。

活动过程：

1. 谈话导入。

提问：

（1）春天是什么样的？你最喜欢春天的什么？

小结：春天万物复苏，花红柳绿，春天还有许多小动物出来活动了。

（2）侗族寨子的春天是什么样的？和我们这里的春天有什么区别呢？

2. 欣赏美术作品。

出示作品，请幼儿认真观察、欣赏。

✿ 提问：

（1）你在这幅画中看见了什么？近处有什么？远处有什么？

（2）你都看见了哪些色彩？

（3）你觉得侗寨的春天与我们城市的春天有什么不同？

（4）你认为侗寨的人们在春天会做什么？

3. 再次欣赏作品。

观察图片，倾听录音对作品的描述。

4. 分享感受。

✿ 提问：

讲述自己是否喜欢这幅画？为什么？最喜欢哪个部分呢？

附　件

1. 教学方法

对话法：通过提问引导幼儿围绕作品进行详细的对话交流，交流欣赏作品的构图、色彩等内容以及自己对作品的感受。

体验法：幼儿一边观看作品，一边倾听录音对作品的描述，身临其境地感受作品带来的美感。

2. 相关知识

每年农历三月初三，侗族人民都要举行传统的播种节盛会。油画《春染侗寨》中，以绿意盎然的榕树、韵雅的风雨桥、古朴的鼓楼、远处盛开的繁花以及眼前飞掠而过的白鹭来表现侗乡冬去春来、桃红柳绿、莺歌燕舞的祥和景象。

3. 欣赏图片

图一

（贵阳市观山湖区第一幼儿园　潘俊霖临摹）

美术欣赏

打糍粑（大班）

贵阳市花溪区第二幼儿园　陈锐

活动目标：

1. 欣赏农民画，感受农民画夸张的绘画手法以及色彩鲜艳的独特风格。

2. 尝试模仿农民画的绘画风格，表达自己的感受。

活动准备：

物品准备：农民画《打糍粑》、PPT、油画棒、水彩笔、画纸、桌椅（围成半圆形）。

活动过程：

1. 出示作品，引导幼儿欣赏。

今天老师给小朋友们带来一幅画，我们一起来看看。

2. 引导幼儿欣赏作品《打糍粑》。

❀ 提问：

（1）你在画面中看到了什么？

（2）这些人在干什么？你是怎么看出来的呢？

（3）画面中是些什么人呢？他们是怎样打糍粑的呢？他们的心情是怎样的？你是怎么看出来的？

（4）这幅画上的场景看上去热闹吗？为什么会这么热闹？他们为什么打糍粑呢？

（5）画面上打糍粑的人们所穿的衣服和我们穿的衣服有什么不同，他们会是少数民族同胞吗？

3. 观察作品构图特点。

引导幼儿观察作者的构图特点。

✿ 提问：

（1）画上都画了些什么？是怎么画的？

（2）画面上有哪些地方是一样的？哪些地方不一样，不一样在哪里？

通过提问的方式引导幼儿发现作者的构图方法。引导之下，幼儿发现画面是通过对称和不对称的构图方式体现的。

4. 引导幼儿尝试用农民画的绘画方式表现打糍粑的情景。

✿ 提问：

（1）小朋友们还在什么地方见过打糍粑呢？你打过糍粑吗？

（2）你想怎么画？用些什么颜色？

附　　件

1. 教学方法

对话法：活动中首先运用了对话法。教师先让幼儿欣赏农民画，然后提出一些问题，如你在画面中看到了什么？这些人在干什么？你是怎么看出来的？画面中是些什么人？他们是怎样打糍粑的？他们的心情是怎样的？你是怎么看出来的？我们会在什么时候打糍粑？你在什么地方见过打糍粑？接下来让幼儿尝试运用农民画的绘画方法表现打糍粑的情景。

体验法：幼儿在欣赏农民画色彩鲜艳的构图特点和夸张的表现手法后，教师引导幼儿尝试运用农民画的绘画方法表达打糍粑的感受。

2. 相关知识

　　构图是绘画艺术技巧的组成部分，也是创作过程中的重要环节，更是将作品各个部分组合成整体的一种形式。农民画构图通常不受透视原理约束，不是客观物象的本身再现，抛掉体积感和光影关系，是用线条直观地表现出物象轮廓，自由安排空间的平面构图法。传统的对称性图案和象征大团圆的图式是农民画画家们最喜爱的构图方式，它很好地表达了美满、和谐等概念。

3. 欣赏图片

图一

（贵阳市花溪区第二幼儿园　陈锐临摹）

美术欣赏

梦（大班）

贵阳市花溪区第二幼儿园　钟佳丽

活动目标：

1. 欣赏农民画，感受农民画朴实、夸张的绘画风格及民间色彩的强烈对比。

2. 大胆表达对农民画作品的感受和认识。

3. 通过对作品的理解，感受画家独特的绘画风格。

活动准备：

物品准备：农民画《梦》的图片、油画棒、画纸、椅子（围成半圆形）、桌子。

活动过程：

1. 初步欣赏作品。

今天老师要和小朋友们一起欣赏一幅特别的画。（展示绘画作品时停留 2 至 3 分钟）

提问：

（1）你们从这幅画中看到了什么？他们在做什么？

（2）他们做这个梦的时候表情是怎么样的？小朋友们仔细观察一下他们为什么会这么开心？

（3）这个女生梦见了什么？这个男生梦见了什么？

（4）猜猜这两个人是做什么的？

（5）他们为什么会梦见这些？

2.欣赏农民画的鲜艳色彩。

❀ 提问：

（1）小朋友们观察一下，这幅画上的牛和我们平时看到的牛有什么不同？

（2）这幅画都有什么颜色？感觉怎样？

3.深入欣赏作品。

❀ 提问：

（1）现在小朋友们对这幅画都有了一定的了解，那你们知道这是一幅什么画吗？

小结：这是一幅农民画。一些普通的农民会在空闲时把自己见过的、听过的或想象的事物表现在画上。

（2）你能给这幅画取一个名字吗？

4.尝试农民画的绘画风格。

❀ 提问：

（1）你们觉得这幅画美不美？为什么？

小结：这幅画的确很美，因为画中呈现了现代新农村的幸福生活，农民伯伯们的生活越来越好，幸福感也越来越高。

（2）你想不想也把自己的幸福生活画下来？你想怎么画？

附　　件

1. 教学方法

对话法：教师先让幼儿欣赏农民画，然后通过"你们从这幅画中看到了什么？他们在做什么？""他们做这个梦的时候表情是怎么样的？"等问题，引导幼儿初步感知这幅农民画。接着又通过"这幅画上的牛和我们平时看到的牛有什么不同？""这幅画都有什么颜色？感觉怎样？"等问题引导幼儿深入了解农民画的用色。最后通过提出"现在再来看这幅画，你有什么感受？"的问题来帮助幼儿加深印象，让幼儿深入读懂农民画的绘画背景和风格等。

体验法：为了让孩子感受农民画的大胆用色，欣赏结束后，教师引导幼儿尝试绘画农民画。

故事表达法：在孩子绘画结束后，教师认真倾听并忠实记录每一个孩子对于自己所画的农民画的体验和想法，以此来了解每一个孩子。

2. 相关知识

经过几十年的发展，贵州省涌现出一大批农民画家，他们一边持着锄头，一边拿着画笔，描绘他们心中的美丽景象，表达了对生产、生活、劳动、家乡的热爱。

贵州农民画是中国民间艺术的奇葩，民族特色突出，地域符号鲜明。贵州农民画多取材于生活，创作于民间，以长期流传于农村的实用民间绘画为基础，通过广大农民画家手中的画笔，以饱满的笔法、奇异的构图、夸张的造型、丰富艳丽的色彩以及淳朴粗犷的画风，直观地表达了作者纯真、质朴、热烈、奔放的情感，并逐渐总结出了"以情造型、以情用色"的创作经验。过去，贵州农民画的创作题材多以各地民族风情、生活习俗、民间传说以及他们的生产生活为主要内容。近年来，随着社会的不断发展和进步，人们对美丽的新生活的追求也逐渐反映在绘画中，使这些画作更加贴近现实，更有时代气息。

3.欣赏图片

图一

（贵阳市花溪区第二幼儿园　钟佳丽临摹）

4.幼儿作品

作品一：

有一次，我做梦的时候，看见旁边有一个大大的太阳，还看见有七朵小白云，然后突然地就少了一朵小白云，原来有一朵小白云变成了粉色。后来我看见我的翅膀变得五彩缤纷，我看见天空也不一样了，有红色、绿色、黄色，还有蓝色，白云还张开大大的嘴巴问我是谁。

作品二：

　　我一睁开眼睛就看见有很多零食，有薯片、冰棒、冰淇淋，还有软糖、小熊饼干、蛋糕、两个棉花糖、一个棒棒糖，棒棒糖差不多和我一样大，我就拿了一点软糖，有粉色，还有紫色，我又每个都吃了一点。

作品三：

　　我梦见我和一个黄色小灰人在玩耍，我是小橘人，我跳到空中，看见星星变成了红色，我抓住一颗星星，剥开一看，居然是个糖果，我就吃了一个，我跟我的好朋友们跳下来吃了一颗星星糖果，剩下的揣到裤兜里等回家分给朋友吃。

作品四：

　　我梦见有天晚上我吃饭的时候，看见我家门口有个好大的彩虹滑滑梯，彩虹滑滑梯的下面有好多零食，然后我看见有我最喜欢吃的冰淇淋，但是突然间彩虹滑滑梯就不见了。

作品五：

　　我梦到我坐在过山车里面，过山车开往猫耳朵里，猫耳朵里黑漆漆的，我出来时看见了很多白云，并且发现我飞在天上。过山车一直在往前行驶，我跳到白云上，过山车一直在开，我觉得白云软绵绵的，好舒服，我就吃了一口，好好吃！我就跳到了过山车上继续坐，我看见一对紫色的猫耳朵，我还想去钻一次猫耳朵隧道。

作品六：

　　我做的梦是我饿的时候，冰箱里的饼干人和好吃的都变多了，这些好吃的有冰棒，还有两个饼干人，都是冰箱里最好吃的。

美术欣赏

百里杜鹃（大班）

贵阳市观山湖区第一幼儿园　龙彩琼

活动目标：

1. 欣赏百里杜鹃花的造型和色彩，并大胆说出自己的感受。

2. 尝试用不同材料、不同方式进行创作并感受作品带来的魅力。

活动准备：

PPT、百里杜鹃风景图以及视频、词《醉桃源·杜鹃花发映山红》、颜料、橡皮泥、画笔若干、牵拉麻绳、瓦楞纸、拓印工具等。

活动过程：

1. 创设情境，引起幼儿兴趣。

教师吟词《醉桃源·杜鹃花发映山红》，引出主题——百里杜鹃。

提问：

在词中，词人提到了"杜鹃花发映山红"，你们知道是什么意思吗？

2. 出示百里杜鹃风景图，请幼儿观察并谈谈自己的感受。

教师出示图片并介绍贵州风景名胜区——百里杜鹃，让幼儿感受百里杜鹃的壮观。

提问：

你从图片中看到了什么？图片上的形态和色彩有什么不一样的地方？

引导幼儿观察颜色、造型等。

3. 与幼儿共同讨论杜鹃花的颜色、造型等。

❀ 提问：

（1）从图片中你看到杜鹃花都有哪些颜色呢？

（2）你知道这些杜鹃花的生长环境吗？杜鹃花它又象征什么呢？

引导幼儿感知杜鹃花的造型和颜色。

教师介绍杜鹃花的外形特征、生长环境、象征意义并做总结。

4. 鼓励幼儿尝试用不同材料、不同方式进行创作并感受其带来的魅力。

引导幼儿欣赏并观察不同杜鹃花瓣、花蕊、颜色、造型等，学习用不同的材料进行创作。

向幼儿提供颜料、橡皮泥、画笔、牵拉麻绳、瓦楞纸、拓印工具等，请幼儿挑选自己喜欢的工具进行创作。

❀ 提问：

如果让你创作一幅百里杜鹃图，你想怎么创作？你想用什么材料进行创作呢？

5. 作品欣赏与交流。

介绍作品（色彩、造型、构图等）并说出为什么这么创作。

欣赏作品并共同吟诵《醉桃源·杜鹃花发映山红》，进行律动游戏——"赏花"。

附　件

1. 教学方法

创设情境法：在活动的导入部分尝试利用词来创设情境，通过创设情境以及百里杜鹃的字面意思让幼儿大胆想象百里杜鹃的样子。

观察法：观察杜鹃花的造型和色彩，看看它与其他种类的花、花瓣以及花蕊有什么不一样的地方。

比较法：将杜鹃花与其他种类的花进行比较，并得出结论：杜鹃花是由五片大花瓣组成，中间藏有细长的花蕊，盛开时呈现伞形和宝塔形的造型。

想象法：激发幼儿的想象，让幼儿选用自己喜欢的工具创作一幅自己心目中的百里杜鹃图。

游戏法：在创作结束后，教师与孩子一起玩手指游戏——"赏花"，并尝试变化花的种类（牡丹花、玫瑰花、山茶花等）。

2. 相关知识

百里杜鹃风景名胜区位于贵州省西北部，总面积约为 125.8 平方千米。因宽 1—3 千米，绵延 50 余千米的天然原始林带而得名，是国家级森林公园，2013 年成功晋级为国家 5A 级景区。初步查明公园内有马缨杜鹃、露珠杜鹃、团花杜鹃等 41 个品种，囊括了世界杜鹃花 5 个亚属的全部。这里被称为"世界上最大的天然花园"，享有"地球彩带，杜鹃王国"之美誉。每年 3 月下旬至 5 月，各种杜鹃花竞相怒放，漫山遍野，千姿百态，铺山盖岭，五彩缤纷。2015 年，百里杜鹃景区接待游客 480 万人次，实现旅游综合收入近 27 亿元。

3. 词

醉桃源·杜鹃花发映山红

[宋] 赵师侠

杜鹃花发映山红。韶光觉正浓。水流红紫各西东。绿肥春已空。

闲戏蝶，懒游蜂。破除花影重。问春何事不从容。忧愁风雨中。

4.欣赏图片

图一

图二

（贵阳市观山湖区第一幼儿园　龙彩琼绘图）

图三

图四

图五

图六

（贵阳市观山湖区第一幼儿园　龙彩琼拍摄）

美术欣赏

梯田美景（大班）

贵阳市花溪区第三幼儿园　余庆红

活动目标：

1. 通过视频、图片欣赏梯田弯曲、错落、层层叠叠的特点。

2. 欣赏山川、河流、湖泊、盘山公路等图片，感受大自然呈现出的流线美和色彩美。

3. 感受贵州梯田的自然田园风光，激发幼儿对家乡的热爱之情。

活动准备：

物品准备：PPT，梯田、山川、河流、湖泊、盘山公路的图片，桌椅。

活动过程：

1. 欣赏视频中高坡梯田、加榜梯田的田园风光。

❀ 提问：

你们见过梯田吗？你见过的梯田是什么样子的？（请幼儿说一说）

今天老师要跟大家分享我们贵州梯田的美景视频，一个就在我们花溪高坡，我们都叫它"高坡梯田"；另一个在贵州省黔东南苗族侗族自治州从江县，它叫"加榜梯田"，我们一起来欣赏一下吧。

2. 引导幼儿欣赏并观察梯田的特点。

✿ 提问：

（1）刚刚在视频里你看到了什么？有什么感受？像我们小朋友们平时看到的什么线条？（引导幼儿说出梯田呈现出弯曲、错落、层层叠叠的线条特点）

（2）梯田美在哪里？（鼓励幼儿用自己的话说出梯田的美）

3. 逐步展示图片，引导幼儿对比欣赏大自然的其他美景，感受流线美。

✿ 提问：

（1）这幅图是什么？图片中哪里和梯田相似？（山川）

（2）这幅图是什么？图片中哪里和梯田相似？（河流）

（3）这幅图是什么？图片中哪里和梯田相似？（湖泊）

（4）这幅图是什么？图片中哪里和梯田相似？（盘山公路）

小结：我们刚刚看到的山川、河流、湖泊、盘山公路与梯田都有相似之处，这些都是大自然很美的景色。它们有一个共同的特点，都是线条式的美景，这些线条像流动的河水一样，因此我们把它叫作流线美。

4. 逐步展示图片，引导幼儿对比欣赏不同季节的梯田的色彩美。

✿ 提问：

（1）（出示春季梯田图片）看看梯田是什么颜色？春季的梯田为什么是绿色的呢？

（2）（出示秋季梯田图片）秋季的梯田是什么颜色？为什么是黄色和金色的？

（3）（出示傍晚梯田图片）看看这是什么时候的梯田？美吗？与前面看到的梯田有什么不同？傍晚的梯田呈现的是什么颜色？

小结：引导幼儿说出不同的季节、不同的时间梯田呈现的色彩是不同的。由于春季播种，禾苗是绿色的；秋季稻子成熟，丰收了，梯田是黄色的；傍晚的梯田呈现暖色。不同的季节，不同的时间，梯田会呈现出不同的色彩美。

让幼儿再次观看梯田视频，引导幼儿深入观察春季、秋季、傍晚梯田不同的色彩美景。

5. 引导幼儿表达自己对梯田美景的看法。

❀ 提问：

（1）你看到的梯田是什么样子的？

（2）你最喜欢梯田的什么地方？想去这里旅游吗？（色彩变幻、梯田的形状、弯弯曲曲的线条）

引导幼儿观察梯田的图片，逐步了解梯田丰富的色彩搭配，发现图片中梯田的排列布局。

小结：图片中的梯田主要位于山顶和山腰上，依次从上至下错落排列，它的色彩会因为四季变化而不同。

6. 欣赏评议。

小结：其实，贵州有许多美丽的梯田，如黔东南苗族侗族自治州丹寨县高要多彩梯田、遵义市余庆县大乌江镇红渡梯田、遵义市赤水市宝源梯田、铜仁市松桃苗族自治县盘石镇云海梯田、六盘水市北盘江野钟梯田、黔南布依族苗族自治州惠水县摆榜梯田等，这样的美景在我们的家乡比比皆是。贵州正在高速发展，希望我们的小朋友们好好学习，为建设美丽的家乡而努力。

附　　件

1. 教学方法

笔者在引导幼儿欣赏梯田美景的过程中，运用了美术欣赏教学中常用的对话法和比较法两种教学方法。其中，对话法是在引导幼儿观察梯田春季、秋季、傍晚的色彩美时使用，笔者通过与幼儿进行问答，层层深入，最后总结出梯田在不同的季节、不同的时间呈现出不同的色彩美。比较法是在引导幼儿观察梯田流线美时，笔者运用山川、河流、湖泊、盘山公路等景象进行对比，引导幼儿感受梯田弯弯曲曲的线条美，继而引导幼儿理解什么是流线美。

2. 梯田简介

高坡和加榜的稻田都是依山而开，随山势地形的走势而变化，因地制宜。山坡海拔的高低，坡度的缓急以及山坡的大小决定了梯田的大小和形态。

高坡梯田位于贵州省贵阳市花溪区高坡苗族乡，犹如被群山环抱的一颗"高原明珠"，整个高坡，漫山遍野的梯田从山脚到山顶，梯田分布广、面积大，号称"万亩田园"。一块连着一块，一层接着一层，大大小小，形态各异，有的形似圆盘，有的状如葫芦，有的面若鞋底，有的体似神龟。5月的高坡梯田，犹如养在深闺的小家碧玉，每当有晨雾升起，影影绰绰的群山和梯田，像是一个睡意未醒的仙女，披着蝉翼般的薄纱，脉脉含情、凝眸不语。高坡梯田在春秋两季尤为迷人，是广大摄影爱好者和旅游爱好者向往和迷恋的地方。

加榜梯田，位于贵州省黔东南苗族侗族自治州从江县西部月亮山腹地的加榜乡东北面，距县城80千米，是中国最好的梯田之一。梯田中散落着苗乡特有的吊脚楼，犹如点缀在银河里的行星，是苗族人世世代代留下的杰作。梯田紧靠加车河，常年雨水充沛，无论春夏秋冬，每天清晨，一层层云雾从河边缓缓升起，这时的梯田连同边上的苗乡吊脚楼全被笼罩在云雾中，远远望去，那些依稀可见的吊脚楼，若隐若现，缥缈悠然，让你在陶醉中生起一种身在幻境的错觉。

　　加榜独特的地形地貌决定了这里的梯田面积最大不过一亩，大多数稻田都是只能种一二行稻子的碎田块，最小的只有簸箕大。往往一坡就有成百上千亩，这里的梯田最长的可达二三百米，最短的不足一米。加榜梯田不仅规模宏大，气势磅礴，而且线条优美，无论从线条，还是整体形态来看，加榜梯田都吸取了天下梯田之精华，它比云南元阳梯田更加秀丽，比广西龙胜梯田更加壮观，特别是那居于梯田间的山村小寨与梯田交相辉映，与大自然融为一体，无不体现出人类与大自然的和谐之美，给人一种"人间仙境，世外桃源"的意境，凡到过加榜梯田景区的人，无不感叹加榜梯田的秀美风光。

　　3. 欣赏图片

图一

图二

图三

图四

图五

（贵阳市花溪区第三幼儿园　余庆红拍摄）

美术欣赏

有趣的水书（大班）

贵阳市花溪区第二幼儿园　陈锐

活动目标：

1. 欣赏水族文字，感受水族文字的魅力。

2. 幼儿通过借形想象将水族文字进行变形，增加欣赏的乐趣。

活动准备：

PPT、水族文字图片、油画棒、水彩笔、画纸、桌椅（围成半圆形）。

活动过程：

1. 出示水族文字，引导幼儿欣赏画面内容。

提问：

（1）你在画面中看到了什么？

（2）你觉得它们像什么？你是怎么看出来的？

小结：小朋友们发现它和我们的甲骨文比较像，是一种古老的文字，这是水族的文字。

2. 引导幼儿欣赏水族文字的特点。

提问：

（1）你喜欢上面的哪个字？为什么？

（2）这个字由哪些线条组成？这些线条看上去怎么样？表示什么意思？

（3）为什么水族要创造这样的文字？这些文字可以用在什么地方？

3.尝试描绘水族文字并根据文字特点进行借形想象。

❋ 提问：

请小朋友们将自己喜欢的文字描绘下来，看看它像什么？

引导小朋友利用这个字变成一个自己喜欢的小动物。

附 件

1.教学方法

对话法：教师先让幼儿欣赏水族文字，然后提出一些问题，如你在画面中看到了什么？你觉得它们像什么？你是怎么看出来的？你喜欢上面的哪个字？为什么？ 这个字由哪些线条组成？表示什么意思？为什么水族要创造这样的文字？这些文字可以用在什么地方？并引导幼儿回答这些问题。

借形想象法：通过水族文字奇特的造型，幼儿运用借形想象的方法，将一个个文字变成了更有趣的作品。

2. 相关知识

水书是水族的文字，水族语言称其为"泐睢"，由水书先生代代相传，其形状类似甲骨文和金文，主要用来记载水族的天文、地理、信仰、民俗、伦理、哲学等文化信息。水书是世界上除东巴文之外又一仍在使用的象形文字，2006 年被列为国家级非物质文化遗产。水书在水族群众的社会生活中，至今还起着很重要的作用，如婚丧嫁娶仍然按照水书记载的"水历"推算决定。水族古文字的结构大致有以下三种类型：一是象形字，有的字类似甲骨文、金文；二是仿汉字，即汉字的反写、倒写或改变汉字形体的写法；三是宗教文字，即表示水族原始宗教的各种密码符号。书写形式从右到左直行竖写，无标点符号。水族古文字的载体主要有：口传、纸张手抄、刺绣、木刻、陶瓷等。水书主要靠手抄、口传流传至今，因而被专家、学者誉为世界象形文字的"活化石"。由于其结构多为象形，主要以花、鸟、虫、鱼等自然界中的事物以及一些图腾物如龙等为创造基础，至今仍保留着远古文明的信息，在水族地区仍被广泛使用。

3. 欣赏图片

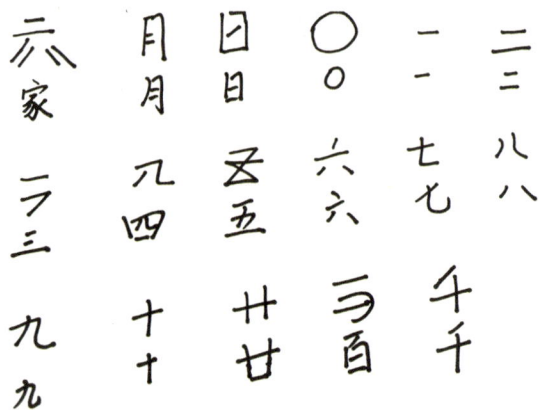

图一

图二

（贵阳市花溪区第二幼儿园　陈锐临摹）

第二部分　工艺品

简介

贵州的民间工艺品种类丰富、独具特色，如藤编制品、竹编、扎染、蓝靛印染、蜡染、马尾绣、苗族刺绣、剪纸、木雕、马鞍、傩戏面具、苗族银饰、苗族服装等，其中苗族刺绣是比较有名的。心灵手巧的贵州苗族妇女，大都善于飞针走线。在她们绣衣最明显的部位，往往绣着各式各样的优美图案，有金花银果、彩蝶鸟禽、游龙飞凤，还有千奇百怪的鱼虾虫蟹，真可谓是千姿百态，令人目眩。银饰作为一种文化现象在历史上曾被许多民族青睐，苗族的图腾崇拜成为他们制作银饰造型的重要来源。贵州侗族剪纸主要有衣袖花、背带花、帽花等，题材以花卉、鸟虫较常见，表现形式较侧重纹样的轮廓，内部用针刺出，很少剪镂。贵州蜡染，亦被称作"贵州蜡花"，它以素雅的色调、优美的纹样、丰富的文化内涵，在贵州民间艺术中独树一帜。蜡染工艺品的魅力除了图案精美外，还在于蜡料冷却后在织物上产生龟裂，色料渗入裂缝后，得到变化多样的色纹，俗称"冰纹"。同一图案设计，做成蜡染后可得到不同的"冰纹"。

课题组的老师们通过深入学习和研究，在丰富的工艺品中寻找到适合3岁至6岁儿童欣赏的内容，设计成美术欣赏活动，帮助孩子们如何欣赏工艺品，也起到传承文化的作用。

美术欣赏

美丽的花边（中班）

贵阳市花溪区第二幼儿园　陈世仙

活动目标：

1. 感受苗族服装花边上图案的规律美。

2. 能创设出有个性的花边。

活动准备：

苗族服装 4 套、PPT、水彩笔、彩色纸条、音乐《苗岭的早晨》。

活动过程：

1. 激发幼儿兴趣。

带领幼儿做律动入场，分组自由欣赏苗族服装。

提问：

（1）请小朋友们说一说衣服的哪里最漂亮？为什么？

（2）猜一猜这是哪个民族的服装？你们见过吗？

2. 初步感受花边的独特之处。

提问：

这些衣服的领子和袖口有一些图案，请小朋友们摸一摸上面的图案，你有什么样的感觉，请说说？

小结：这些是苗族服饰上的花边，是用针线绣出来的，用来装饰衣服，让衣服更美丽。

3.欣赏花边的规律美。

❀ 提问：

（1）仔细看看花边上都有什么颜色？这些颜色是怎么搭配的？（图一）

（2）花边上有什么图案？看起来像什么？（图二）

（3）这些图案都是怎么排列的？（图三）

（4）认真看这件衣服上的花边，你发现有哪些不一样的地方，有哪些一样的地方？（图四）

（5）看过了这些花边，你发现了什么？

小结：这些花边上的图案都是一个接着一个的，不断重复的，排列有一定的规律，这叫"二方连续"，这些花边装饰我们苗族的服饰，让衣服看起来更华美。

4.花边的故事。

❀ 提问：

（1）你知道这些图案代表什么意思吗？

小结：苗族的这些花边通常以花卉、几何图形为主，这些花卉来自苗族人民的日常生活，几何纹样则代表着吉祥、美好的寓意。

（2）你喜欢哪一条花边？为什么？喜欢它的颜色还是图案？

小结：苗族是爱美的民族，她们喜欢在服饰上装饰美丽的图案，这些图案都有一定的艺术性，用花纹和几何纹样的花边装饰衣服，让衣服更有观赏性和

艺术性。

5.鼓励幼儿设计花边。

附　　件

1. 教学方法

对话法：教师提出问题，幼儿回答问题，教师引导幼儿欣赏苗族的民族服饰，让其了解苗族服饰的美。

观察法：不同的花边有不同的花纹，引导幼儿仔细观察，从中发现花边的规律，以及对花边图形的想象。

体验法：让幼儿亲手摸一摸苗族衣服上的花边，感受花边的纹理，加深其对花边的感知。

2. 相关知识

苗族服饰不仅仅是用来满足人们基本需求的生活物品，更是传承民族文化的重要载体。苗族服饰上的袖口不仅绣有各种图样，同时，还使用不同的布料做成五色花边。这些五彩花边有些表示黄河、长江、平原、城池、洞庭湖。红、绿波浪花纹表示江河，大花表示京城，交错纹表示田埂，花点表示谷穗，这些装饰不仅是为了美观大方，更是一部写在服饰上的"迁徙史诗"。

3. 欣赏图片

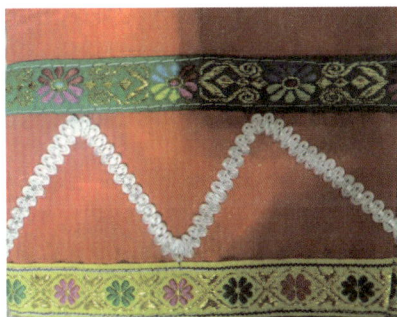

图一

图二

图三

图四

（贵阳市花溪区第二幼儿园　陈世仙拍摄）

4. 幼儿作品

作品一：

作品二：

作品三：

作品四：

作品五：

作品六：

美术欣赏

卉服鸟章（大班）

贵阳市花溪区青岩幼儿园　唐永娟

活动目标：

1.欣赏苗族"卉服鸟章"中花和鸟不同的造型与构图之美。

2.感受苗族人民对美的独特追求。

活动准备：

1.经验准备：对苗族有一定的了解。

2.其他准备：PPT、音乐《苗岭的早晨》。

活动过程：

1. 欣赏"卉服鸟章"，引出主题。

❀ 提问：

（1）这是哪个民族的衣服？它叫什么名字？（"卉服鸟章"又叫"百鸟服"）

（2）在他们的衣服上，你看到了什么？衣服上的图案是怎么做出来的呢？

2.欣赏"卉服鸟章"。

❀ 提问（欣赏图一）：

（1）图上有什么？花是什么样子的？像什么？

（2）鸟又是什么样子的？像什么？这两只小鸟在花的哪边？这两只小鸟在干什么？哪位小朋友来模仿一下？（欣赏小鸟的头、嘴、羽毛、身体、尾巴以及图片的对称美）

（3）这张图片都有哪些颜色？

✿ 提问（欣赏图二）：

（4）鸟是什么样子的？四只小鸟分别在图片的什么位置？小鸟们在做什么呢？它们又在说什么呢？哪位小朋友来模仿一下？

（5）欣赏这张图的对称美，并说出上面都有什么颜色？

✿ 提问（欣赏图三）：

（6）你最喜欢哪一朵花？为什么？它的花瓣像什么？

（7）鸟是什么样子的？小鸟分别在图中的什么位置？它们围成什么形状？（欣赏小鸟的头、嘴、羽毛、身体、尾巴以及图中的三角形构图法）

（8）图中还有哪里用到三角形的构图法呢？（用三角形框出来）

（9）小鸟们在干什么呢？哪位小朋友来模仿一下？

（10）这张图片都有哪些颜色？

3. 对比欣赏。

✿ 提问：

（1）苗族人民为什么要制作"卉服鸟章"？

（2）这三张图片有什么相同的地方？有什么不同的地方？（颜色都有黄色、红色、绿色，都有花和鸟，构图、内容、鸟和花的造型各不相同）

（3）你最喜欢哪一张？为什么？

（4）苗族人民为什么要绣不同的鸟？

4.个性表达。

✿ 提问：

（1）"卉服鸟章"中花和鸟分别是什么样子的？小鸟在干什么？它们在图中的什么
位置？

（2）播放音乐《苗岭的早晨》，幼儿合作用肢体表现"卉服鸟章"。

附　件

1. 教学方法

对话法：教学活动前，教师与作品一一对话，深入理解作品的构图方法、用
色特点、寓意等。在自由欣赏时，教师给予孩子充分的时间去与作品对话，初步
感受作品的构图美、内容美、色彩美等。在活动中，教师运用师幼对话、幼儿与
作品对话的方法，引导幼儿深入欣赏作品。

体验法：在欣赏图一、图二、图三的过程中，教师鼓励幼儿用肢体去模仿花
和鸟的姿态，感受不同的构图特点。

比较法：教师引导幼儿将图一、图二、图三进行比较欣赏，寻找了三幅作品
的相同和不同之处，让幼儿更加深入地感受"卉服鸟章"的美。

2. 相关知识

"卉服鸟章"——苗族百鸟衣的密语。"卉服，絺葛之属"；"鸟章，鸟隼之文
章，将帅以下衣皆著焉"。贵州省部分苗族聚居区"嘎闹"（意为"鸟的部族"）
支系里，以绣满百鸟图腾的盛装最为著名。在苗族人民的心目中，鸟是他们的始
祖，据史料记载，早在唐朝，黔东南地区的一位苗族首领"东谢蛮首"谢元深身
穿绣有鸟纹的盛装赴帝都长安入朝参见唐太宗，随行的使团也都穿着"卉服鸟章"
之服，一度惊动了长安城，唐太宗还命画师描摹，名为"王会图"，这是"卉服鸟

章"较早见于文献的记载。"卉服鸟章"指的是苗族百鸟衣服饰，百鸟衣是苗族众
多盛装服饰之一。

3. 欣赏图片

图一

图二

图三

（贵阳市花溪区青岩幼儿园　唐永娟临摹）

美术欣赏

我的"卉服鸟章"（大班）

贵阳市花溪区青岩幼儿园　唐永娟

活动目标：

1. 大胆尝试运用绘画的方式表现"卉服鸟章"的特点。

2. 发挥想象力和创造力，运用绘画的方式大胆表现出不同的"卉服鸟章"。

活动准备：

1. 物品准备：教学 PPT、刮画纸、刮画棒、黑色水粉颜料、排笔、水粉纸、油画棒。

2. 经验准备：有画刮画和油水分离画的经验。

活动过程：

1. 出示"卉服鸟章"图片，回忆"卉服鸟章"特点。

❀ 提问：

（1）这是什么？

（2）"卉服鸟章"有什么特点？

2. 发挥想象力，采用绘画的方式个性化地表达出你心中的"卉服鸟章"。

❀ 提问：

（1）你想画的小鸟是什么样子的？像什么？

（2）你想设计什么样的花？

（3）小鸟们和花分别在什么位置？它们发生了什么样的故事？

3. 幼儿创作。

（1）幼儿自由选择刮画或油水分离画的方式进行创作。

（2）教师观察幼儿绘画情况。

4. 分享幼儿作品。

附　件

1. 教学方法

故事表达法：幼儿完成作品创作后，教师引导幼儿将作品中的故事表达出来，并认真倾听，与幼儿交流，最后记录幼儿对于自己作品的表达。通过这样的方式，教师能够了解到每一个幼儿对于"卉服鸟章"的理解程度，还可以了解到幼儿创作的"卉服鸟章"都蕴含了怎样的故事。通过故事表达法促进了幼儿欣赏能力的提升。

2. 幼儿作品

作品一：

这四只小鸟是好朋友，有一天，尾巴最长的小鸟发现了一些有魔法的小花，这些小花可以帮助它实现自己的愿望，于是它就叫来其他的小鸟，它们一起围着小花开心地跳舞。它们说："小花小花，请你帮我们实现愿望吧。"

作品二：

有三只小鸟在赏花，一起玩耍。它们说："小花小花，你真漂亮！我们可以一起玩耍吗？"说完，它们站在小花的身上，小花说："你们太重了，压得我好疼呀！"中间的小鸟就赶紧从小花身上跳开了。

作品三：

从前有两只平凡的小鸟飞到了幸运之国。在这里所有的东西都得到雨露的滋润，花儿们也长得非常好，它们不用长在土里，而是长在天空中，每天都可以和这两只平凡的小鸟一起玩耍，玩累了，两只小鸟就站在小花的身上给它们唱最动听的歌。

作品四：

有四只小鸟在看有什么虫子可以吃，它们看见一只小虫，它们就吃了。有只小鸟飞到树上看花。有只小鸟在树上捉虫子，它捉了两只虫子，开心地哈哈大笑，正在这时候，它捉的虫子掉了。

作品五：

有四只小鸟停在树干上，大的那只小鸟在找食物吃，它认为红色的花是食物，就吃了一口，好香呀！有只蓝色的小鸟在树的下面，它在看有没有敌人，它在保护其他的小鸟。

美术欣赏

锦鸡服（大班）

贵阳市花溪区第二幼儿园　陈世仙

活动目标：

1. 幼儿学会欣赏锦鸡服，感受锦鸡服的独特美。

2. 让幼儿了解锦鸡服是贵州苗族独有的服饰，激发幼儿对民族服饰的兴趣。

3. 使幼儿大胆用语言、绘画等形式将自己欣赏的锦鸡服表达出来。

活动准备：

视频、图片、纸、笔。

活动过程：

1. 出示锦鸡图片，激发幼儿兴趣。

❀ 提问：

（1）你们见过锦鸡吗？这是锦鸡，非常的漂亮，你们看看它身上有些什么特点？

（2）在我们贵州丹寨，苗族同胞就模仿锦鸡的样子设计成了衣服，你们猜猜锦鸡服是什么样子？

2. 欣赏锦鸡服。

❀ 提问：

（1）你们看看这个服装是什么样子？锦鸡服的裙子很特别，裙子前面是什么样子呢？像我们现在穿的什么裙子？（图一）

（2）锦鸡服的裙子的后面有些什么？是什么颜色的？这些花带上有什么图案，你

能说一说吗？（图二）

（3）这一件锦鸡服的花带又有什么不同，看起来像什么？（图二）

（4）他们为了让裙子更漂亮，又进行哪些不同的设计呢？（图二）

（5）这一件锦鸡服与刚才的相比有哪些地方不一样？（图三）

3. 了解锦鸡服。

✿ 提问：

你们知道苗族同胞为什么要照着锦鸡的样子来设计衣服吗？

小结：传说，古时候，锦鸡为苗族人带来了小米种子，避免了苗族人挨饿，苗族人为了感谢锦鸡的付出，他们就照着锦鸡的模样打扮自己，最后设计成了衣服。

4. 欣赏锦鸡舞。

苗族人民为了庆祝节日，还穿上漂亮的锦鸡服来跳锦鸡舞，我们一起来看一看吧。

✿ 提问：

这些衣服中你更喜欢哪一件？为什么？

5. 画锦鸡服。

我们欣赏了这些漂亮的锦鸡服，大家也选一件自己喜欢的锦鸡服，将它画下来，与小朋友和老师分享。

附　件

1. 教学方法

对话法：幼儿与图片对话，让幼儿欣赏这一独特的民族服饰，感知服饰的美。

比较法：通过不同的锦鸡服的对比，锦鸡与服装的对比，来吸引幼儿的注意力，激发幼儿的兴趣。

故事表达法：为了更好地了解幼儿对于锦鸡服的欣赏感受，在幼儿欣赏后可鼓励幼儿进行绘画和言语表达。

2. 相关知识

相传，苗族祖先刚开始住在东方，在大平原上，后来迁徙到一个叫"展坳对社"的沙滩边居住，又遭受七次洪灾，才沿江而上来到现在的居住地。祖先们离开"展坳对社"时，能带的只有水牛、谷种和芦笙等，水牛帮人们耕田，谷种是命脉，而芦笙则是召唤祖宗神灵的神器。来到这里，没有田耕种，祖先们一边开田，一边打猎、摘野果、捞鱼虾充饥度日。有一位老人套到一只锦鸡，剖腹清洗时将锦鸡的砂囊随手丢在草棚外的灰堆旁，谁知不久便长出了小米。次年，他将这些小米当作种子，在烧荒后播撒，长出了满坡的小米。小米助他们度过饥荒，锦鸡也就成了他们的吉星，于是，他们照着锦鸡的模样打扮自己。苗族女性的银饰、绣裙、花带以及造型扮相，都以美丽的锦鸡为审美参照。苗族锦鸡服保留着古朴典雅的远古特色，裙子的长度只有 10 厘米左右，因此被称为"超短裙"，前围帕短，花色艳丽，后围帕素而长。苗族女性在后腰系上二三十条宽而长的花带，沿后围帕下垂至脚后跟，加上头上的银雀、颈上的银项圈、腕上的银手镯，宛如一只美丽的锦鸡，靓丽迷人。

3. 欣赏图片

图一   图二

图三

（贵州省歌舞团程兰老师提供图片）

4. 幼儿作品

作品一：

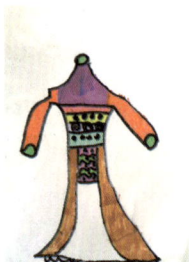

> 我很喜欢锦鸡服，因为上面有我喜欢的颜色，有粉色，还有蓝色，而且它还有很多的图案，有方形，还有一些花纹，非常漂亮。

作品二：

> 这是苗族的衣服，我觉得它很有特色，它是模仿锦鸡毛做的衣服，后围帕上有一些漂亮的羽毛，就像锦鸡的尾巴一样，它有很多的条纹，还有很多的颜色，五彩缤纷。

作品三：

> 锦鸡服是苗族的服饰，它的腰上会有一些东西像羽毛。我觉得锦鸡服是非常漂亮的，因为有很多的图案，还有吊穗。

作品四：

　　我画的是苗族的漂亮裙子，上面有很多长条，这种长条还有很多花纹，非常漂亮。

美术欣赏

蝴蝶妈妈（大班）

贵阳市花溪区第二幼儿园　岳玲

活动目标：

1. 欣赏苗族剪纸《蝴蝶妈妈》，感受苗族艺人夸张且大胆想象的艺术创作手法。

2. 尝试用恰当的词语来表达自己对剪纸《蝴蝶妈妈》的感受与发现。

3. 激发幼儿对苗族剪纸艺术作品的兴趣。

活动准备：

1. 课件准备：欣赏的图片、PPT、民间传说故事文本。

2. 经验准备：教师对相关知识的了解，幼儿有欣赏活动的经验，以及对苗族基本知识有浅显的认识。

活动过程：

1. 自由欣赏。

提问：

（出示第一张 PPT）请小朋友们一边看，一边想：你看到了什么？你觉得它是什么或者像什么？

2. 听故事，再次欣赏剪纸《蝴蝶妈妈》。

"蝴蝶妈妈"是苗族的始祖，关于"蝴蝶妈妈"有一个美丽的传说，我们一起来听一听。（教师讲故事）请小朋友们一边听，一边看：你觉得它是什么或者像什么？

3. 讨论《蝴蝶妈妈》剪纸。

❋ 提问：

（1）和蝴蝶的照片比一比，你发现了什么？

（2）你觉得苗族艺人为什么要这样剪纸？

（3）你发现苗族剪纸有什么特点了吗？

小结：正如小朋友们发现的一样，苗族剪纸造型夸张生动，想象大胆，所以我们看上去会觉得它既像这个又像那个。

4.幼儿表达。

❋ 提问：

你喜欢剪纸《蝴蝶妈妈》吗？为什么？

附　　件

1. 教学方法

对话法：在活动的每个环节都运用了对话法。在自由欣赏阶段，教师给幼儿与作品对话的时间，让幼儿能够认真、专注地观察发现。后面几个环节多为教师与幼儿对话，引导幼儿观察、发现和表达。

比较法：将蝴蝶图片和剪纸中的"蝴蝶妈妈"形象进行比较，目的是帮助幼儿发现苗族剪纸艺术的特点。

2. 相关知识

（1）苗族剪纸的特点：想象大胆，造型夸张生动，具有强烈的视觉效果。

（2）民间传说故事：相传"蝴蝶妈妈"是苗族的始祖。"蝴蝶妈妈"是由古枫树变来的，枫树干和枫树心生出了"妹榜妹留"（"妹榜妹留"是苗语，翻译成

汉语即是"蝴蝶妈妈")。后来"蝴蝶妈妈"生下十二个蛋，十二个蛋经过鹤宇鸟（也有写作"鸡宇鸟"）悉心孵养，十二年后，生出了姜央、雷公、龙、虎、蛇、象、牛等十二个兄弟。在贵州苗族聚居区，人们至今仍把蝴蝶作为图腾，认为只要供奉"蝴蝶妈妈"，就可以保佑村寨安居乐业、子孙繁衍、五谷丰登。

"蝴蝶妈妈"的故事后来在苗族人民的日常生活中成为美谈，我们现在还常常能见到人首蝶身、蝶翼人身的图案。由于"蝴蝶妈妈"是由枫树变成的，所以树纹也是苗族文化中很重要的图案造型。

欣赏活动

苗族的龙（大班）

贵阳市花溪区第二幼儿园 岳玲

活动目标：

1. 欣赏苗族《牛龙》《螺蛳龙》的剪纸作品，感受苗族艺人夸张且大胆想象的艺术创作手法。

2. 尝试用恰当的词语来表达自己对苗族剪纸的感受与发现。

3. 引导幼儿对民族民间艺术作品产生兴趣。

活动准备：

1. 经验准备：教师了解相关的知识，幼儿有欣赏活动的经验，以及对苗族基本知识有浅显的认识。

2. 其他准备：欣赏的图片、PPT、民间传说故事文本、各色彩纸、牛皮纸、剪刀、固体胶。

活动过程：

1. 自由欣赏。

❋ 提问：

（出示 PPT）请小朋友们一边看，一边想：你看到了什么？想到了什么？

2. 听故事，再次欣赏。

这是一个关于苗族"螺蛳龙"的美丽传说，我们一起来听一听。（教师讲故事）

✿ 提问：
_____

这是苗族艺人用剪纸的方式创作的《螺蛳龙》剪纸作品，你看到了什么？还发现了什么？

3. 欣赏《牛龙》剪纸作品。

✿ 提问：
_____

（1）我们再来欣赏第二幅剪纸作品，你看到了什么？你为什么会这样认为？

（2）和汉族《龙》的剪纸作品比较一下，你觉得苗族艺人为什么要创作这幅作品？

（3）你发现了苗族剪纸有什么特点？（用不同的词语表达感受和特点）

小结：正如小朋友们发现的一样，苗族剪纸不仅造型夸张生动，想象大胆，还有一些奇思妙想的创作组合。

4. 幼儿创作。

我们也来学学苗族艺人剪纸吧！注意要剪出苗族剪纸的特点哦！

✿ 提问：
_____

苗族剪纸的特点是什么呢？

我们尝试创作关于龙的作品，可以独自创作，也可以和你的好朋友商量着一起创作。

附　件

1. 教学方法

对话法：在活动的每个环节都运用了对话法。在自由欣赏阶段，教师给幼儿充分的时间与作品对话，让幼儿能够认真、专注地观察发现。后面几个环节多为教师与幼儿对话，引导幼儿观察、发现和表达。

比较法：将汉族《龙》的剪纸作品和苗族《牛龙》的剪纸作品进行比较，目的是帮助幼儿发现苗族剪纸艺术的特点。

2. 相关知识

（1）苗族剪纸的特点：想象大胆，造型夸张生动，具有强烈的视觉效果。

（2）螺蛳龙的传说故事：相传，螺蛳龙其实是龙王的女儿，她遇到了苗寨的一位勤劳而贫苦的苗族后生，两人结为夫妻，生下了一个儿子，过上了幸福的生活。

（3）牛龙：《牛龙》剪纸是贵州省黔东南苗族侗族自治州台江县施洞地区的人们根据衣袖上的刺绣图案剪出来的。作品主体为一条扭身低头的“牛龙”的图案（也像貅狃，汉译为犀牛，是苗族传说中的善兽，与麒麟类似，在苗族古歌里，貅狃曾帮助人们开天辟地过）。“牛龙”的头、身、角、尾均以牛为原型，“牛龙”背上加鱼鳍，这是因为施洞地区的人们认为鱼鳍拥有神力，所以不管绣什么动物，总会绣上鱼鳍，这也反映了苗族逐水而居的原始观念。苗族先民对原始动物不甚了解，因而感到神秘，继而人为地为动物施加神力意志，期望它能够护佑族人。久而久之，就演变为类似图腾的原始信仰。这种对原始动物的崇拜，是中华民族共有的一种文化象征。

3. 幼儿作品

作品一：

有一条小鱼，它被一个渔夫钓到，渔夫手一滑，小鱼掉到了水里，小鱼很害怕渔夫，它就疯狂游呀游、游呀游，被一个天神抓到并被关了起来。一个龙王把它救了出来，从此以后它就变成龙王的孩子，后面就成了东海龙王，并拯救人间，哪个地方很久没有下过雨，它就会给那里的村庄下一次雨。

作品二：

今天，小龙王出去玩，遇到了大龙王，他们就一起去海里玩，然后遇到了三太子，三太子说："你们来和我一起玩吧！"他们三个就高高兴兴地一起玩了起来！

作品三：

从前有一条世界上最奇怪的龙，大家都叫它"马龙"，它的头很像马，它的身上有很多漂亮的宝石，它的尾巴像鱼，还像一个爱心。它十五岁时，生下了一个孩子，它的孩子比它长得更奇怪，长着一个老虎的头，孔雀的尾巴，龙的身体，鱼的鳞片。龙妈妈很高兴拥有了一个跟它一样奇怪的孩子。

作品四：

从前有一条大龙，有一天，它跟小朋友们一起出去玩，它们去到了一个地方，那里很久都没有下过雨了，这条大龙就去帮忙下雨。

美术欣赏

背带（大班）

贵阳市观山湖区第一幼儿园　吴翱莉

活动目标：

1. 欣赏苗族背带的构图美。

2. 欣赏苗绣背带的精致美。

3. 感受背带传递的爱。

活动准备：

教学课件。

活动过程：

1. 播放第一组图片，欣赏苗族背带图片，引起幼儿兴趣。

❋ **提问：**

你见过图片上的东西吗？猜一猜，它是用来干什么的？

这是苗族的背带，是用来背孩子的。

2. 播放第二组图片，欣赏苗族背带的构图美。

❋ **提问：**

（1）你在背带上看到了什么？

背带上有鸟、蝴蝶、花儿、叶子、图形等。

（2）这些背带上的图案组合排列在一起是什么样子的？

　　背带上的鸟、蝴蝶、花儿、叶子等组合排列在一起，这种我们可以叫作构图。背带上的花纹、图案有对称的特点，有左边和右边对称的，也有上面和下面对称的。背带上的构图是非常特别的，有些图案是朝着上、下或者左、右两个方向连续循环排列在一起，这样的构图方式，我们叫作"二方连续"。有些图案是朝着上、下、左、右四个方向连续循环排列在一起，这样的构图方式，我们叫作"四方连续"。这些构图方式在苗族背带中经常出现，使得苗族背带显得非常的独特与精致。

　　3.播放第三组图片，欣赏苗族背带的精致美。

❋ 提问：

（1）背带上有哪些颜色？

　　苗族背带上的颜色很多，组合在一起会让背带色彩非常地艳丽和丰富。

（2）猜一猜，想一想，背带上的图案是怎么形成的？

　　背带上的图案都是利用针和线，一针一线绣上去的。苗绣的针脚，也就是苗绣的绣法，大致可以分为绣、插、捆、洒、点、挑、串七种，而背带大面积的图案都是通过平针绣完成的。

　　4.播放视频，进一步了解背带的作用。

❋ 提问：

（1）背带上为什么会绣上鸟、蝴蝶、花、叶子等图案？

苗族把鸟、蝴蝶、花、叶子等视为保护神的纹样，将它们绣在背带上是希望神保佑孩子健康成长。

（2）苗族为什么要用背带来背孩子？

苗族妇女有很多的家务和农活需要做，所以会用背带来背孩子，既照顾了孩子又能把家务和农活做完。

（3）苗族地区现在还使用背带吗？现在的背带和传统的背带有什么不一样？

苗族地区现在仍然还有人使用背带，但是，现在用的背带的图案设计会比较简单，传统的苗族背带的图案设计则比较复杂和精致。

5. 你说我说大家说。

❋ 提问：

（1）你觉得这些背带美吗？你喜欢这些背带吗？为什么？（构图美、色彩美、绣法美……）

（2）这些背带哪里最吸引你？图案还是颜色？

6. 真实感受苗族背带。

（1）摸一摸（体验一针一线绣出的绣品的疏密和凹凸的感觉）。

（2）背一背（体验在背带里的感觉）。

附　件

1. 教学方法

对话法：教师与幼儿的对话。

比较法：苗族传统背带和现代背带的比较。

体验法：摸一摸背带，亲身感受苗族背带的纹路等特点。

2. 相关知识

背带是苗族妇女重要的生活用品，主要是用来背孩子的。以前无论劳动、赶集、走亲访友、料理家务，苗族妇女都用背带把孩子背在身后，背带可以说是背娃神器。苗族的婴儿出生后，外婆便要给外孙缝制背带，这是外婆对初到人世的外孙的爱与温暖。外婆赠送背带，是苗族的传统。苗族背带就像是母亲背上的摇篮，将母爱寄托在美好的背带艺术上，象征着苗族人民对生命的尊重和对孩子的负责态度。背带上的花、蝴蝶、鸟、叶子等被视为保护神的纹样，将它们绣在背带上意为保佑孩子健康成长。苗绣讲究对称美、艳丽美，所谓对称就是上下、左右图案对称；艳丽美就是用色大胆，大红大绿，鲜亮夺目。（丁朝北：《浅议黔南民间背带》，《民族艺术》1995 年第 1 期）

3. 欣赏图片

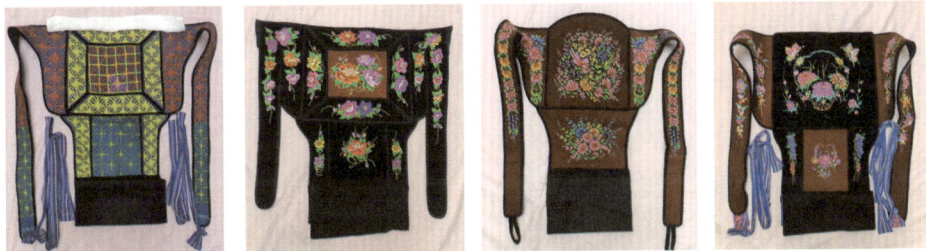

第一组图片

第二组图片

第三组图片

（贵阳市观山湖区第一幼儿园　吴朝莉拍摄）

美术欣赏

银项圈（大班）

贵阳市观山湖区第一幼儿园　潘俊霖

活动目标：

1. 欣赏苗族银饰，了解不同款式以及图案美。

2. 乐于欣赏少数民族工艺品，激发幼儿对民族文化的兴趣。

活动准备：

不同种类的银项圈、银项圈相关视频、花纹故事、制作工艺视频、座椅（围成半圆形）。

活动过程：

1. 项圈舞导入。

2. 播放银饰佩戴视频。

提问：

今天我们苗族的朋友为我们带来了一些苗族银饰，请小朋友们看一看，猜一猜，你觉得这些银饰应该怎样佩戴？（头饰：银角、银帽、银围帕、银发簪、银插针、银网链饰、银花梳、银耳环、银饰童帽。胸颈饰：银项圈、银压领、银胸牌、银胸吊饰。首饰：手镯、戒指。还有衣饰、脚饰等等）

3. 有趣的项圈。

我们来仔细欣赏一下银项圈，就是刚刚播放的舞蹈视频中舞者手上拿着的那个漂亮的项圈。

✿ 提问：

请小朋友们仔细观察，银项圈都有哪些部分？（图一）

小结：有圆圆的圈圈，小小的吊坠和连接的链条。

4. 不同的项圈。（图二、图三）

✿ 提问：

这些项圈和刚才的一样吗？它们有什么区别？

小结：它们也是银项圈，有的是单层的项圈，有的没有吊坠，比较简单。图一和图二都有吊坠，但图一的项圈是由许多小圈一个套着一个堆积起来的，看起来非常立体。图一和图三的区别是，图三没有吊坠。

5. 美丽的花纹。

✿ 提问：

（1）请小朋友们拿着银项圈，再仔细看看，银项圈上都有什么？这些花纹有什么特点？它们都一样吗？

（2）你手中的银项圈有几层？每一层分别都有什么？

6. 银项圈的故事。

苗族的银项圈非常的美，上面有许多漂亮的花纹，听说这些花纹的设计是源于一个有趣的传说，我们一起来听一下。

小结：苗族制作银饰的工艺已经被列入国家级非物质文化遗产代表性项目名录，这种工艺很复杂，但制作出来的工艺品非常的美。

7. 我最喜欢的银项圈。

✿ 提问：
_____

刚才我们欣赏了那么多美丽的银项圈，说一说你最喜欢哪一种？如果你是设计师，要设计一个银项圈，你会怎样设计？

8. 活动延伸。

利用废旧材料创作银饰。

附　　件

1. 教学方法

对话法：引导幼儿用语言描述自己欣赏银项圈的细节，教师与幼儿对话交流。

比较法：提供多种造型的银项圈，鼓励幼儿比较同类银项圈，体会设计师在造型设计上的变通与精妙。

体验法：幼儿佩戴银饰，真切感受银饰的质感、花纹以及佩戴体验。

2. 相关知识

苗族的图腾崇拜，是银饰造型的重要灵感来源。在苗族古歌中，传说是枫木生出了"蝴蝶妈妈"（即妹榜妹留），"蝴蝶妈妈"生了十二个蛋，由鹤宇鸟孵化出苗族的祖先姜央和其他十一个兄弟。水牛是苗族始祖姜央的兄弟，西江、施洞、排吊等地苗族的银角就是牛角的图样造型。水牛是稻作农耕的主力，又是祭祀祖先的牺牲，传说苗族的先祖蚩尤就是有头有角的。据《述异记》记载："秦汉间说，蚩尤耳鬓如剑戟，头有角，与轩辕斗，以角抵人，人不能向。"苗族同胞认为，水牛是具有神性的动物，雷山苗族常常会把牛称为"牛妈""牛爹"，逢年过节也不会忘了款待牛，要给牛吃酒肉和糯米饭。苗族人民从银匠那里取回新打制的银角时，除了付给工钱外，还要送给银匠糯米饭等，以感谢银匠给自家制成了吉祥物。苗族人民把银角拿回家里时要说："把门敞开，拉牛来了！"并备酒肉庆贺。苗族认为，除天地外，枫树是祖先之祖，枫树也理所应当地在银饰上有所表现。银饰上的吊花，多为三角形的枫叶纹，它也作为连接其他图样的中间造型。苗族古歌中提到了十余种鸟类，而帮助"蝴蝶妈妈"孵化十二个蛋的鹤宇鸟，有说是燕子的一种，它是由被砍伐的古枫树梢变来的，所以也是被苗族作为图腾来崇拜的。因而，银燕雀是苗族银饰中一种极为重要的图样造型。雷山丹江由银雀组成的银簪中，有四只银雀，中间的一只被做得很逼真，神态活灵活现，连一片一片的羽毛纹理也清晰可见，小雀则抽象简略。都匀王司的银雀发簪主体就是一只神态逼真的小鸟，它展翅欲飞，身上的羽毛也一片片地微张，嘴里还衔着一个银笼。蝴蝶的纹样造型在银围帕、发簪、银梳、耳环、衣帽饰、项圈、压领、银衣片、背带、腰链、吊饰、手镯、戒指、烟盒、围腰银牌等几乎所有的银饰上都能看到，因为传说"蝴蝶妈妈"是黔东南苗族的始祖。上述几种图腾的纹样造型都是苗族银饰不可或缺的，而其余的各种动物、花草图案造型则可以灵活搭配，给银匠留下了广阔的想象和创造空间。

3. 欣赏图片

图一

图二

图三

（贵阳市观山湖区第一幼儿园　潘俊霖拍摄）

美术欣赏

面具（大班）

贵阳市观山湖区第一幼儿园　潘珍

活动目标：

1. 通过欣赏面具的造型与色彩，感受面具变形、夸张的艺术特点，培养幼儿感受美的能力。

2. 了解面具与人们生活的密切关系，引导幼儿充分表达对民族艺术的喜爱。

活动准备：

1. 经验准备：让家长搜集面具，和幼儿一起欣赏面具，使幼儿有欣赏面具的经验。

2. 其他准备：PPT、若干面具、颜料、排笔、记号笔等。

活动过程：

1. 引出话题，引起幼儿兴趣。（出示图一、图二、图三、图四）

❀ 提问：

（1）小朋友们看一看这些面具给你什么样的感受？

（2）你们觉得这些面具美在哪里？搞笑在哪里？漂亮在哪里？

2. 欣赏面具。（出示图五、图六）

❀ 提问：

这两幅面具有什么特征呢？

3. 欣赏面具的造型美。

🌸 提问：

（1）（出示各种造型的面具）你们欣赏了面具，觉得面具里面藏了什么呢？（感觉面具里藏了好多种性格的人，面具的表情很丰富）

（2）它们的脸和我们平时看到的人脸有什么不一样？

（3）这些面具的五官都用了什么样的线条？

小结：面具的色彩很漂亮，有的面具还把五官弯曲变形，给人夸张、滑稽、搞笑的感觉，不同的颜色加上五官的变化，代表着不同的性格特点。我们来学学这些面具的表情吧。

4. 了解面具的来历和作用。

🌸 提问：

（1）猜一猜，这些面具都是谁做的呢？（有的是我们中国的各个民族的民间艺术家做的，有的是老百姓做的，真了不起啊！除了今天展示的这些，还有很多种面具）

（2）人们用这样的面具来做什么呢？（用来表演、娱乐等）

5. 播放京剧表演视频——《斩黄袍》。

6. 幼儿设计面具。

鼓励幼儿在制作面具的过程中尽量做到左右对称，运用多种线条，使面具有滑稽、搞笑、恐怖、幽默、夸张的造型特点。幼儿还可以根据自己制作的面具，学做面具的表情，并介绍自己设计的面具代表的含义。

附　　件

1. 教学方法

对话法：教师与幼儿对话，引导幼儿用语言描述自己欣赏的面具的色彩、造型、线条等特点，引导幼儿说出自己的观点和感受。

比较法：提供多种面具造型，鼓励幼儿比较面具设计的不同之处，了解各种面具所代表的人物性格。

体验法：让幼儿模仿面具的表情，从而真切地感受面具蕴含的意义。

2. 欣赏图片

图一

图二

图三

图四

图五　　　　　　　　　　　图六

图七　　　　　　　　　　　图八

（贵阳市观山湖区第一幼儿园　潘珍拍摄）

美术欣赏

一个哨子（大班）

贵阳市花溪区第二幼儿园　黄薇

活动目标：

1. 欣赏牙舟陶十二生肖泥哨不同的造型特征。

2. 大胆创作造型独特的牙舟陶十二生肖泥哨。

3. 促使幼儿喜爱牙舟陶十二生肖泥哨。

活动准备：

教学 PPT、轻黏土、展示台。

活动过程：

1. 谈话导入，欣赏牙舟陶十二生肖泥哨。

❀ **提问：**

这些神秘的东西是什么？

2. 再次欣赏牙舟陶十二生肖泥哨。

❀ **提问：**

（1）牙舟陶十二生肖泥哨都有哪些？你是怎么知道的？它们在干什么？动作姿态是怎样的？（引导幼儿欣赏"蛇形"泥哨）

（2）你怎么看出它是蛇形的？它有哪些颜色？

（3）它在干什么？你觉得哪个地方更独特？

（4）你觉得牙舟陶十二生肖泥哨和真实的动物有什么区别？

3.幼儿设计制作十二生肖泥哨。

4.小结：小朋友们，今天我们一起认识了牙舟陶十二生肖泥哨，它以独特而富有灵性的造型深受人们喜爱。今天我们一起努力将这项民间艺术传承下去，这也是传承我们的民族文化。

附　件

1. 教学方法

对话法：在第一个环节使用最多，其目的是引起幼儿的兴趣以便直接进入主题。

体验法：体验法在第三个环节使用，其目的是鼓励幼儿尝试用轻黏土复刻牙舟陶十二生肖泥哨，以提高幼儿的动手能力。

2. 相关知识

牙舟陶是贵州陶瓷艺术的"特产"，始生产于明朝洪武年间，距今已有六百多年的历史。牙舟陶的产品多为生活用具，也有部分为陈设品、动物玩具和祭祀器皿等，其造型自然朴素，线条简洁明快，色调淡雅和谐，具有浓重的出土文化神韵。牙舟陶瓷色彩鲜艳，光泽晶莹润亮，具有丰富的民族特色，在中国陶瓷艺术中独树一帜，极具艺术性、观赏性和收藏价值。

3. 欣赏图片

图一

图二

（贵阳市花溪区第二幼儿园　黄薇拍摄）

4. 幼儿作品

作品一：

　　我做的是一只鸡，我的妈妈是属鸡的，我就想把这只鸡送给她。我的作品看起来还是很了不起的，但是，我制作的鸡还不能吹口哨，因为我还不会做这种鸡，所以就先做成这样。

作品二：

　　我的小马跑啊跑，跑到一个大森林里面，突然就停下来了。它看见前面有怪兽，它特别害怕那个怪兽，所以才停下来的。

作品三：

　　小兔子在家里玩啊玩，突然就看见了家门口的长颈鹿，长颈鹿就和它说："小兔子你在干什么？我要出去玩。"小兔子说："我在等妈妈，妈妈让我在家等它回来。"长颈鹿说："小兔子乖乖，把门儿开开。"小兔子说："不开不开，我不开，妈妈没回来，谁来也不开。"

作品四:

　　我特别喜欢这个牙舟陶泥哨,它是个猴子,我都想属猴了。你知道为什么吗?因为猴子就是孙悟空啊!如果我属猴,我就可以像孙悟空一样了。我的这个猴子假装蒙住自己的眼睛并看着对面的猴子,它不知道对面的猴子在干什么,它就一直看啊看。

作品五:

　　我做的是猪的泥哨,我的猪正在吃东西,吃得香香的,特别高兴,吃饱了它就回去睡觉了。它是一只大懒猪。

作品六:

　　它是一只羊,这只羊在看山上的其他羊吃草,只有它自己在这里,就没有草吃,它想等它们吃完了再去吃。它抬起它的脚叫了两声:"咩!咩!"然后上面的羊就和它打招呼:"咩!咩!"它们都是好朋友,它的朋友叫它去吃草,它就去了。

作品七：

　　我做的是龙，龙是特别神奇的，因为我们都没有见过它，我的"龙"是不是特别像龙？我还是觉得它好大的，它有胡须、眼睛、嘴巴、鼻子。我用蓝色的轻黏土做它的身体，用绿色的轻黏土做它的脚，这样它就能站着了。

作品八：

　　我做了一条蛇，它看起来有点让人害怕，但是是我做的，所以我又不怕了。我的好朋友觉得我的蛇有点可爱。我还要给它做花纹，这样我的蛇就很独特了。

美术欣赏

蜡染（大班）

贵阳市观山湖区第一幼儿园　李竺悯

活动目标：

1. 了解蜡染的特点、制作方法和文化。

2. 学习制作蜡染。

活动准备：

1. 经验准备：幼儿了解蜡染的各种手工艺品。

2. 其他准备：蜡染图片及实物、视频、制作蜡染的工具。

活动过程：

1. 出示蜡染工艺品的实物，激发幼儿的兴趣。

❀ 提问：

从这些作品中你看到了什么？

2. 观察蜡染艺术品。

❀ 提问：

请看一看这个蜡染艺术品，上面的图案都使用了哪些线条？都有什么颜色？

3. 观察蜡染艺术品的图案。

❀ 提问：

（1）欣赏各种图案：动物、植物纹样，十字纹，太阳纹，水波纹等。

（2）看了这么多的图片，大家发现蜡染的图案和其他的手工艺品有什么不一样吗？

（3）我们刚才看的蜡染图片属于哪一类图案？

4. 了解蜡染的制作过程。

观看蜡染制作视频。

❀ 提问：

蜡染制作需要哪些工具？步骤是怎样的？

5. 说一说我的感受。

❀ 提问：

（1）看完之后你有什么感受？

（2）我们了解了蜡染，也观看了蜡染的制作过程，那蜡染有什么特点呢？

（3）看过蜡染作品后你觉得和其他的手工艺品有什么区别？你对蜡染的哪个环节最感兴趣？

6. 幼儿创作蜡染作品。

幼儿将自己的作品放在展示区，和同伴、老师分享自己的蜡染作品。

附　件

1. 教学方法

对话法：教师与幼儿对话，幼儿表达自己对作品的感受。

比较法：蜡染与其他手工艺品对比，洗蜡的布与未洗蜡的布对比。

体验法：让幼儿创作蜡染作品。

2. 相关知识

蜡染是我国民间传统纺织印染手工艺，古称"蜡缬"，与绞缬（扎染）、灰缬（镂空印花）、夹缬（夹染）并称为我国古代四大印花技艺。蜡染是用蜡刀蘸熔蜡绘花于布后以蓝靛浸染，既染去蜡，布面就呈现出蓝底白花或白底蓝花的多种图案。同时，在浸染中，作为防染剂的蜡自然龟裂，使布面呈现特殊的"冰纹"，尤具魅力。由于蜡染图案丰富，色调素雅，风格独特，用于制作服饰和各种生活实用品，显得朴实大方、清新悦目。

3. 图片欣赏

图一

图二

图三

图四

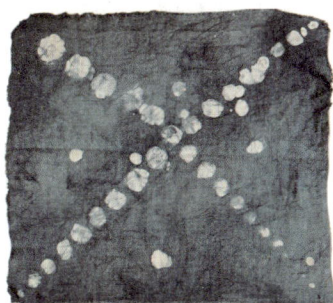

图五

图六

图七

图八

图九

（贵阳市观山湖区第一幼儿园　李竺悯拍摄）

第三部分　雕塑

简介

　　雕塑是造型艺术中极为重要的一个种类，能够美化环境或为纪念塑造。一般有雕、刻、塑三种创制方法，用石膏、树脂、黏土、木材、石头、金属、玉块、玛瑙等各种可塑材料或雕、或刻，创造出一定空间的可视、可触的艺术形象，反映社会生活，表达艺术家的审美风格、审美情感和审美理想。雕塑是静态的、可视的、可触的三维空间艺术，因而被认为是最典型的造型艺术、静态艺术和空间艺术。

　　在古代，雕塑在很长的一段时间里主要呈现为少数民族的图腾。古时少数民族赋予图腾超能力，认为图腾是祖先、保护者、亲人，可以庇佑人们风调雨顺，因而崇拜它。这些图腾见证了少数民族民间文化发展历史。贵州是多样化的少数民族聚居地，因此，少数民族图腾雕塑尤其凸显，如剑河县的《仰阿莎》，还有贵定县的《贵州大铜鼓》等。

　　如今贵州有不少城市环境雕塑，我们选择了距离幼儿生活最近的雕塑，有观山湖的地标雕塑——《奔腾》和《日出》，表达人民对美好生活蒸蒸日上的欣喜情感，期望城市建设一天比一天好。多样的民族民间文化也孕育了贵州很多优秀的民间传承艺人，如建造夜郎谷的宋培伦老师，传承牙舟陶艺术的程建华老师等，他们创作了许多代表当地民族文化特色的代表作，如石头世界里的夜郎谷、牙舟陶十二生肖泥哨等。

　　总之，雕塑是我们艺术领域必不可少的一类艺术形式，有着十分重要的现实意义，我们有必要将此类艺术向幼儿介绍和推广，拓展幼儿的审美视界。

美术欣赏

云从飞瀑（大班）

贵阳市观山湖区第一幼儿园　王蔚

活动目标：

1. 欣赏金龙造型的生动以及设计的巧妙，初步了解该雕塑作品的寓意。

2. 感受"水龙头"与瀑布结合的雄伟壮观，从而萌发对家乡美好事物的喜爱之情。

活动准备：

1. 经验准备：通过十二生肖的故事，了解龙的造型特征以及象征意义。

2. 其他准备：收集雕塑《云从飞瀑》的图片、视频拍摄短片、传说故事文本。

活动过程：

1. 创设情境，引起兴趣。

小朋友们，在十二生肖——龙的故事中我们了解了龙的造型特点，也知道了龙象征着一种精神，是民族的图腾。今天老师要带小朋友们一起去看看龙架山上的一条"金龙"！（播放《云从飞瀑》的短视频）

🌸 提问：

在视频中你看到了什么？你觉得这条龙和你以前见过的其他关于龙的形象有什么不同？

2. 欣赏《云从飞瀑》雕塑的独特造型，感受雕塑与环境融为一体的美。

❀ 提问：

（1）这个龙头的眼睛是什么样子的？龙的嘴巴是什么样的？

（2）龙的身体是什么样的？

（3）看了这个龙头你有什么样的感觉？

教师小结：许多人称这座雕塑为"金龙吐水"，其实，它的名字叫"云从飞瀑"，位于贵州省黔南布依族苗族自治州龙里县，是龙里的地标性景观。远远望去龙头之上有"龙里"两个字，是一个人工瀑布景观。

❀ 提问：

《云从飞瀑》这个造型设计得特别巧妙，请小朋友们来找一找它有什么独特的地方？（引导幼儿观察发现龙身的独特之处，以龙架山为身体，以山上绿植为鳞片）

教师小结：《云从飞瀑》雕塑很特别，造型设计得特别巧妙。金龙头在悬崖峭壁上，威风凛凛的，吐出飞瀑，气势磅礴，令人叹为观止。该雕塑以龙架山山体为"龙身"，设计精巧，创作精细，栩栩如生。随着四季的更替，金龙还会变换身上"鳞片"的颜色。

3. 了解雕塑的设计灵感来源以及传说故事。

❀ 提问：

猜一猜这个雕塑的作者为什么要这样设计呢？

教师小结：它的建设是人们对于幸福的祈求，希望它能保佑这里的人们风调雨顺，让人们可以过上幸福美满的生活。祥龙抬头向天，象征着中华民族的包容和大

气。黄龙在传说中乃真龙，为普惠大地之龙，寓意给龙里人民带来吉祥、安康。

4.讨论：我喜欢它的什么。

✿ 提问：

（1）你觉得这个雕塑怎么样？

（2）你喜欢它的哪里？为什么？

教师小结：贵州是我国唯一没有平原的省份，地处云贵高原，山高谷深，所以有许多神奇的景观，不仅有天然的各种各样的大溶洞，各种奇形怪状的山峰，还有人工打造的神奇的雕塑和跨越山巅的大桥。小朋友们有机会请爸爸妈妈带着你们去走走，去看看，领略我们"神奇的贵州"。

附　　件

1. 教学方法

对话法：教师提出开放性的问题，引导幼儿进行思考与表达。

比较法：引导幼儿回忆以前欣赏过的"龙"，将不同的雕塑造型与《云从飞瀑》雕塑造型进行比较。

体验法：播放视频短片，让幼儿身临其境，通过视觉、听觉感受《云从飞瀑》的壮观与气势磅礴。

想象法：引导幼儿对《云从飞瀑》雕塑造型设计进行想象分析。

2. 相关知识

（1）《云从飞瀑》，位于贵州省黔南布依族苗族自治州龙里县，雕塑以龙架山山体为"龙身"，设计精巧，创作精细，栩栩如生。采用传统"中国龙"的造型，制作工艺精良。

（2）故事传说：在很久很久以前，有一条金色的小鲤鱼生活在朵花河里，经常同两岸的老百姓嬉戏玩耍。忽然有一天，乌云翻滚，电闪雷鸣，下起了瓢泼大雨，河水很快淹没两岸的农田，村民也被冲到水里，情况十分危急。小鲤鱼看到这样的情况，猛然张开大嘴把洪水全部吸到了肚子里，人们最终获救。小鲤鱼由于吸入大量的水后，身体发生了巨大的变化，只见它鳞片脱落，瞬间化为了一条美丽的小金龙。

小金龙由于与朵花河两岸的百姓结下了深厚的感情，于是就决定留在对面的龙架山上，成为这片土地的保护神，每天把吸进肚子里的水吐一部分出来，滋润朵花河两岸的田地，使这里的人们年年风调雨顺，过上幸福美满的生活。

3. 欣赏图片

图一

图二

（袁苏梅拍摄）

美术欣赏

贵州大铜鼓（中班）

贵阳市观山湖区第一幼儿园　邹德媛

活动目标：

1. 通过美术欣赏，知道《贵州大铜鼓》是贵州最大的雕塑作品。

2. 感受雕塑作品《贵州大铜鼓》的壮观及其空间结构。

3. 观察《贵州大铜鼓》雕塑作品正反面图案，将对两面图案的不同感受和想法表达出来。

活动准备：

刮画纸、刮画笔、《贵州大铜鼓》图片及介绍视频、《贵州大铜鼓》正反面详细图案。

活动过程：

1. 观看视频，引发兴趣。

小朋友们，老师给大家带来了一段视频，这是一个巨大的雕塑作品，让我们一起来整体感受一下它的壮观吧。

2. 欣赏《贵州大铜鼓》的造型。

✿ **提问：**

（1）在视频里你看到了什么？

教师小结：这个巨大的雕塑作品是《贵州大铜鼓》，整个雕塑是由铜鼓和芦笙组合而成，高30米。

❀ 提问：

（2）观察一下《贵州大铜鼓》的造型是什么样的？（引导幼儿观察大铜鼓和芦笙的造型）

教师小结：整个雕塑以芦笙为底托，铜鼓为主体，以此作为贵州少数民族文化的象征，它也是格鲁格桑景区的一张名片。

3.欣赏大铜鼓的正反面，进一步感受大铜鼓的美。

❀ 提问：

（1）它的鼓面有什么花纹？鼓面上的人物都在做什么呀？

（2）它们都有什么样的姿态动作？拿着什么东西？还看见了什么？

（3）设计师为什么这样设计图案？

（4）这些图案有什么样的规律？

（5）《贵州大铜鼓》的鼓面与其他铜鼓的鼓面对比，有什么相同点和不同点？

教师小结：铜鼓正面图案的中央是太阳芒，取意为光芒万丈及时间永恒，字符花纹则采用了汉像画砖与剪纸的元素。

4.了解《贵州大铜鼓》的设计含义。

❀ 提问：

（1）你知道这么好看的雕塑作品在哪里吗？

（2）你知道这个铜鼓是用来做什么的吗？

（3）你喜欢铜鼓的正面还是背面，为什么？

教师小结：铜鼓正面的人物形象是为了表达爱我中华、家国强盛的美好祝愿，铜鼓背面图案表达的是对自然的崇拜敬畏之情。

5. 设计一个漂亮的铜鼓。

运用刮画纸设计属于自己家乡或者自己喜欢的鼓面，画上喜欢的大铜鼓造型及花纹。引导幼儿讲述自己的作品，教师做好记录。

附　　件

1. 教学方法

对话法：围绕话题，充分让幼儿观察大铜鼓，并将自己看到的内容表达出来。

观察法：

（1）个别物体观察：在一定的时间内，组织幼儿观察《贵州大铜鼓》，使幼儿了解铜鼓的名称、外部特征、功能，以及与人们和社会的关系。

（2）比较性观察：组织幼儿观察两种或两种以上的铜鼓，比较它们之间的异同。通过比较、分析、判断、思考，能更准确地认识《贵州大铜鼓》与其他铜鼓的不同之处。通过与其他鼓面图案进行对比，感受《贵州大铜鼓》鼓面的特点和意义。

2. 相关知识：

2018 年 9 月，《贵州大铜鼓》雕塑坐落在格鲁格桑贵州民俗大观园。格鲁格桑贵州民俗大观园位于贵州省黔南布依族苗族自治州贵定县昌明镇猛安村内。选铜鼓作为主题雕塑是为了弘扬布依族优秀传统文化，早期出现的铜鼓不仅是乐器，兼做炊具，更是祭祀活动中的重器，兼具礼器功能，象征着社会财富和社会权威，是布依族的图腾之一。整个雕塑就矗立在景区的大门，壮丽非凡，值得一看。

3. 欣赏图片

图一

（贵阳市观山湖区第一幼儿园　邹德媛拍摄）

4. 幼儿作品

作品一：

　　我画了一个大鼓，里面有一个小人，有小花，有爱心，有彩虹，还有小蝴蝶，外面有两个大棒棒糖。

作品二：

　　这有好几个木棒，有个爱心，有几个杯子，杯子是用来装棍子的，这里（鼓面正中间）敲出来会发出很大的声音，下面是它的支架。

作品三：

　　这里有两根棍子，有个人在射太阳，有个人在射猪，有个人在射蝴蝶，其他人要去跳舞。

美术欣赏

剑河苗族女神——仰阿莎（大班）

贵阳市观山湖区第一幼儿园　邹德媛

活动目标：

1.通过欣赏雕塑，了解《仰阿莎》是贵州省黔东南苗族侗族自治州剑河县的巨型雕像作品。

2.感受雕像作品的空间结构美和造型美。

3.了解雕像作品表达的内容，初步对巨型雕像作品表达出自己的感受和想法。

活动准备：

《仰阿莎》图片和视频、音乐、银饰品。

活动过程：

1.播放视频，引起幼儿兴趣。

❀ 提问：

看了视频，你知道视频中的女神是谁吗？

教师小结：这是巨型雕像作品——《仰阿莎》。"仰阿莎"为苗语，汉译为清水姑娘，有冰清玉洁的含义。

2.欣赏雕像，感受雕像的空间美和造型美。

❀ 提问：

（1）你们见过这座雕像吗？认识它吗？

（2）关于《仰阿莎》雕像，你最感兴趣的是什么？

（3）《仰阿莎》雕像给你什么样的感觉？

3.了解仰阿莎的传说。

教师讲述故事，播放视频观看雕像。

❀ 提问：

（1）你们知道这么好看的雕像作品在哪里吗？

（2）你们知道它是用什么材料做的吗？

4.我喜欢的仰阿莎。

❀ 提问：

（1）你们喜欢这座雕像吗？

（2）最喜欢它的哪个地方？

让我们一起听着音乐、戴着银饰，自由地跳一段舞蹈。（让幼儿按自己喜欢的方式佩戴银饰）

附　　件

1.教学方法

对话法：教师与幼儿对话。

观察法：

可以按照从上到下的顺序观察，也可以从不同的角度细致观察；可以先局部观察雕像，再整体观察雕像。

体验法：佩戴苗族银饰，感受其中的喜悦。

2. 相关知识

（1）《仰阿莎》雕像坐落于贵州省黔东南苗族侗族自治州剑河县仰阿莎湖畔，于2016 年 11 月开工建设，2017 年 4 月全部完工，是全国最高的苗族美神雕像。雕像高 88 米，其中底座高 22 米，雕像身高 66 米，雕像高度取自当地苗族节日"二月二"和"六月六"，有着苗族文化的寓意。该雕像展现了剑河优秀的民族文化。

（2）故事传说：据说仰阿莎生出来的第一天就会笑，第二天就会说话，第三天就会唱歌，第四天就会织布、绣花。长大后仰阿莎更是美丽绝伦，好多男子都很喜欢她。后来天上的太阳看中了仰阿莎，指使乌云给他做媒，乌云施展种种手段，迫使仰阿莎嫁给了太阳，但太阳并没有把美丽的妻子放在心上，为名利整天在外面奔跑，一连六年不归家，仰阿莎就这样寂寞又痛苦地生活了六年。在太阳的家里，唯一和仰阿莎相处的人就是月亮，月亮虽说是太阳的弟弟，但实际上是太阳家里的长工。月亮勤劳而诚实，很同情仰阿莎，仰阿莎在月亮那里得到了她不曾得到过的温暖，而且也从月亮的身上看到她所幻想的东西。后来，她终于爱上了诚实的月亮，她和月亮就逃到很远的地方结为夫妻。事后经过理老的评理，仰阿莎与月亮终于获得胜利，而月亮也就把江山赠给太阳，于是就出现了太阳白天行、月亮晚上走的现象。这件事情结束后，太阳总觉得自己很没有面子，便放出千万颗针来刺人们的脸，不让人们看见他害羞的脸。

3. 欣赏图片

图一

图二

图三

（贵阳市观山湖区第一幼儿园　邹德媛拍摄）

美术欣赏

奔腾（大班）

贵阳市观山湖区第三十九幼儿园　胡链

活动目标：

1. 欣赏雕塑作品《奔腾》（人们习称"八匹马"），感受每一匹马的英姿。

2. 了解作品的寓意，从而萌发对家乡美好事物的喜爱之情。

活动准备：

1. 经验准备：幼儿有过美术欣赏活动的经验。

2. 其他准备：准备好从不同方位拍摄的雕塑图片。

活动过程：

1. 引起兴趣。

小朋友们，贵州有很多有名的雕塑作品，大家看到都觉得很震撼。其实在我们观山湖区就有很壮观的雕塑作品，我们一起来欣赏一下观山湖区的地标雕塑——《奔腾》，也就是人们口中的"八匹马"。

2. 欣赏"八匹马"，感受其动态美和健壮美。

❀ 提问：

（1）请你说说在这幅雕塑作品中，你看到了什么？

（2）它们在干什么？它们的样子相同吗？

（3）仔细看看，图一中的前三匹马有什么不同？

（4）图二中的后面几匹马呢？你从哪里能看出它们在跑？

（5）图二最后一匹马怎么样？它健壮的身体让你想到了什么？

（6）这八匹马放在一起，看上去怎么样？

教师小结：小朋友们仔细观察到了这些马都在跑，但是每一匹马奔跑的样子是不一样的，有的腿是伸直的，有的腿是抬起来的，有的前腿是弯曲的……这些马神采奕奕的，我们还能看到它们身上健壮结实的肌肉。

✿ 提问：

"八匹马"的周围都有些什么？

教师小结："八匹马"的周围有喷泉、石头、绿植，这些结合在一起，形成了一个群马奔腾、跨越万水千山的景观，看起来非常壮观。

3. 了解作品的寓意。

✿ 提问：

（1）小朋友们思考一下，设计师为什么会这样来设计这座雕塑呢？
（2）设计师为什么会选择"马"呢？

教师小结：马在我们中华民族文化中的地位是很高的，马具有忠诚、勇敢、勤勤恳恳等方面的寓意，所以当人们设计关于马的雕塑时，它代表的就是我们这座城市的精神。"八匹马"是观山湖区的第一个地标建筑，长40米，高3.8米，是一座群马写实雕塑，寓意着我们的发展一天比一天好。

4. 我喜欢的马。

✿ 提问：

（1）小朋友们觉得这座雕塑怎么样？
（2）你喜欢这个雕塑作品吗？为什么？

教师小结："八匹马"的雕塑就在我们身边，有的小朋友看到过它，有些小朋友没有看见过，今天我们认识它之后，小朋友可以请爸爸妈妈在周末的时候带你去实地看一看，回来后再告诉老师你看到的"八匹马"和我们今天在照片上看到的有什么不同，或者说给你什么不一样的感觉。

附　　件

1. 教学方法

对话法：通过提问的方式，引导幼儿描述出自己观察到马身上的细节，如马的身材、肌肉、姿态等，引导幼儿思考与交流。

观察法：引导幼儿仔细观察这八匹马中每一匹马的不同特征。

比较法：引导幼儿比较三组马有什么不同，初步了解人们打造这一座群马奔腾的雕塑的现实意义。

2. 相关知识

"八匹马"是贵阳市观山湖区第一个地标建筑，最早名为"奔腾"，是一座长40米、高3.8米的群马写实雕塑。该雕塑通过写实手法将马群和喷泉有效结合起来，形成了群马奔腾、跨越千山万水的景象。

3. 欣赏图片

图一

图二

图三

图四

（贵阳市观山湖区第三十九幼儿园　胡链拍摄）

美术欣赏

日出（大班）

贵阳市观山湖区第三十九幼儿园 胡链

活动目标：

1. 欣赏雕塑作品《日出》，大胆表达自己对作品的理解。

2. 了解《日出》名称的来源以及寓意。

3. 感受雄狮的英姿，萌发对家乡美好事物的喜爱之情。

活动准备：

准备好从不同方位拍摄的《日出》雕塑图片。

活动过程：

1. 导入话题，引起兴趣。

❀ 提问：

很多小朋友跟爸爸妈妈去实地观看了《奔腾》雕塑，有的小朋友还发现了在我们

观山湖区的另一座巨大的雕塑，你们猜猜是什么？

2. 欣赏雕塑作品《日出》，感受雄狮的雄伟英姿。

❀ 提问：

（1）它是什么颜色？样子看起来怎么样？

（2）雄狮的身材怎么样？你看到了什么？

（3）你觉得设计师为什么要设计站立的雄狮？

（4）如果雄狮是坐着的或者趴着的，你觉得怎么样？

教师小结：这座雄狮雕塑，雄伟高大，真是让人震撼。雄狮身上的线条非常清晰，肌肉凸显，看起来健壮结实。

雄狮昂首挺胸站立着，看起来威武霸气，眼睛凝视着东方，迎接每一天冉冉升起的太阳，因此它有个好听的名字——"日出"。雄狮位于贵州省贵阳市观山湖区观山东路观山大桥上，是观山湖区的标志性建筑之一。

3. 了解作品的含义。

✿ 提问：

你认为设计师为什么要在观山湖大桥上设计这座雄狮雕塑？

教师小结：雄狮的形象是集威猛的性格、健美的体形于一体的，因而被人们钟爱和崇拜。它寓意着贵阳市的发展就像这头雄狮一样，快速崛起，前途一片光明！

4. 表达对《日出》雕塑的看法。

✿ 提问：

小朋友们觉得这座雄狮雕塑设计得怎么样？你们喜欢它吗？

教师小结：每一座雕塑从雕塑物的选择、造型的设计、雕塑物细节的突显、位置的摆放等等，都是经过精心设计打造的，它有很重要的内在意义。

附　件

1. 教学方法

对话法：以提问的方式，引导幼儿回答问题。

观察法：引导幼儿观察雄狮身上的肌肉线条，描述出雄狮的造型特征，从而感受它的雄伟。

　　想象法：引导幼儿猜想为什么设计师设计的是一座站立的雄狮，而不是坐着的或者趴着的。不同的造型会给人不同的感觉，雄狮本身威武健壮，站立的姿态显得精神抖擞，能充分展现出崛起的势头，给人带来震撼的感觉。

2. 相关知识

　　"雄狮"是贵阳市观山湖区的标志性建筑物之一，名叫"日出"，以非洲雄狮为原型进行艺术设计，以新型环保材料玻璃钢制作。这座狮子雕塑高 15 米，四季闪耀金光，雄姿屹立，栩栩如生，昂首面朝东方，朝气蓬勃地迎接每一天冉冉升起的太阳。

3. 欣赏图片

图一

图二

图三

图四

（贵阳市观山湖区第三十九幼儿园　胡链拍摄）

第四部分　建筑

简介

　　建筑艺术是艺术中一个十分重要的类别，建筑艺术按照美的规律，用其独特的艺术语言来表现建筑形象，使建筑艺术具有文化价值和审美价值，具有象征性和形式美，体现民族性和时代感。建筑艺术的审美特征，主要体现在技术与艺术相结合，实用与审美相统一，建筑空间与实体的对立统一，静态的、固定的、表现性的、综合性的实用造型艺术等方面。

　　世居贵州的十八个少数民族造就了多样的贵州民族文化，遗留了大量的古建筑，例如：中国传统的"干栏式"民居在贵州民族村寨保留至今；苗族的住房都会选择依山而建，独特的吊脚楼是最为明显的建筑标志；还有贵阳的甲秀楼，为明代古建筑，是贵阳市的标志性古建筑；青岩古镇也遗留了大量明清时期的历史古迹，如青岩万寿宫、石牌坊等；类似青岩古镇的还有诸如镇远古镇、下司古镇、隆里古城等，还有纪念意义的阳明祠、安顺文庙、奢香博物馆等古建筑群。

　　贵州是云贵高原的一部分，山高谷深，土地破碎，但也正是这种地质条件造就了奇特的喀斯特熔岩生态系统。因贵州多山，旧时山路不通，交通不便，贵州丰富的民族民间文化不为世人所知。现如今，在国家的大力支持下，西部大开发战略实施二十多年来，贵州发生了翻天覆地的变化。在大山深处拔地而起的一座座高桥，蜿蜒曲折的盘山公路，为贵州经济崛起和社会发展提供了有力保障。

　　为了贵州丰富的民族民间文化能够得到传承，我们课题组还梳理出有代表性的建筑类美术欣赏教学内容，将周边的楼和桥介绍给幼儿认识和了解，让幼儿通过欣赏建筑，了解中国的建筑文化。虽然许多古建筑都消失了，但遗留的古建筑会"讲述"曾经发生的故事。幼儿透过古建筑不仅能了解其所蕴含的文化，也利于培养幼儿的审美能力。为此我们梳理出《最美甲秀楼》（大班）、《探索青岩戏楼》（大班）、《黎平鼓楼》（大班）、《牌楼的奥秘》（大班）、《花溪的桥》（大班）、《走进黎平风雨桥》（大班）、《贵州的桥》（中班）、《神秘的夜郎谷》（大班）、《神圣的贵阳孔学堂》（大班）等 9 个建筑类美术欣赏教案供大家参考使用。

🎨 美术欣赏

最美甲秀楼（大班）

贵阳市观山湖区第一幼儿园　王娴

活动目标：

1. 了解贵阳甲秀楼的历史文化和三层三檐四角攒尖顶的建筑特点。

2. 观察甲秀楼的主体楼，说出甲秀楼白天、黑夜的不同之美。

3. 了解甲秀楼的建筑构造在贵州历史上是独一无二的，让幼儿产生对家乡的热爱之情。

活动准备：

甲秀楼的白天图和夜景图，一段音频（教师介绍），甲秀楼历史介绍文本。

活动过程：

1. 激发兴趣。

教师播放音乐，并将甲秀楼的历史文化故事娓娓道来。

✿ 提问：

你们知道刚刚老师所提到的历史文化建筑物在哪里吗？

2. 初步欣赏甲秀楼。

出示白天所拍摄的甲秀楼的照片（图一），引导幼儿观察并描述。

✿ 提问：

（1）你有没有跟随自己的父母去过甲秀楼呀？

（2）甲秀楼在你的眼里是什么样的？你最喜欢它的哪个设计？（引导幼儿使用不同

的词语来描述）

3．讨论甲秀楼的独特设计。

✿ 提问：

（1）甲秀楼和我们平时见到的建筑有什么不一样的地方吗？

（2）数一数甲秀楼有几层？屋檐呢？四个角上有什么？

教师小结：甲秀楼是三层三檐四角攒尖顶阁楼，这种建筑方式在中国古建筑史上都是独树一帜的，大大提高了此楼的知名度和可观赏性。

✿ 提问：

这个建筑为什么取名"甲秀楼"呢？甲秀楼为什么有三层？为什么设计成攒尖顶呢？

4．了解甲秀楼的历史意义。

✿ 提问：

猜一猜当初古人为什么要建造甲秀楼？（猜想甲秀楼的创作背景）

播放音频，让幼儿了解甲秀楼名字的意义并引导其欣赏鳌叽石。

让幼儿知道攒尖顶有独占鳌头的意思，三层建筑有节节升高之意。

5．欣赏夜晚的甲秀楼。（图二）

✿ 提问：

（1）请认真观看图片，说一说你第一眼看到夜晚的甲秀楼有什么感觉？

（2）白天和夜晚的甲秀楼有什么不同之处？

（3）你更喜欢白天的甲秀楼还是晚上的甲秀楼？为什么？

小朋友们可以让爸爸妈妈在周末的时候带你们去甲秀楼现场参观一下。

附　　件

1. 教学方法

对话法：在老师与幼儿的一问一答中，幼儿大致了解了甲秀楼的历史，并且在和同伴的交流过程中，也在思考此建筑为什么叫"甲秀楼"，为什么要这样设计，设计的意义有哪些。教师引导幼儿运用自己的语言将喜欢甲秀楼的什么设计说出来。

比较法：将甲秀楼与其他古代建筑物相比，将甲秀楼与贵阳市南明区花果园风雨桥相比，让幼儿认识到甲秀楼与其他建筑物的区别。

体验法：甲秀楼是贵阳的标志性建筑物，它的历史已经有四百多年，建筑风格是独一无二的。播放航拍视频，鼓励幼儿让家人带去现场参观。

2. 相关知识

甲秀楼在贵州省贵阳市城南的南明河上，以河中一块巨石为基而建。始建于明，后楼毁重建，改名"来凤阁"。清代甲秀楼多次重修，并恢复原名，现存建筑是清宣统元年（1909 年）重建的。楼上下三层，白石为栏，层层收进，由桥面至楼顶高约 20 米，南明河从楼前流过，汇为"涵碧潭"。楼侧由石拱"浮玉桥"连接两岸，桥上原有小亭一座，名叫"涵碧亭"。甲秀楼朱梁碧瓦，四周水光山色，名实相符，堪称甲秀。甲秀楼是三层三檐四角攒尖顶阁楼，这种构造在中国古建筑史上都是独一无二的。我们可以在这一特色上继续发掘深度，以此来提高此楼的知名度和可观赏性，吸引广大的旅游爱好者和建筑专家来观光、考察。

4. 欣赏图片

图一

图二

（贵阳市观山湖区第一幼儿园　王娴拍摄）

美术欣赏

探索青岩戏楼（大班）

贵阳市花溪区第三幼儿园　彭昌飞

活动目标：

1. 欣赏青岩戏楼的建筑结构，感知飞檐翘角的造型美。

2. 了解青岩戏楼建筑中所蕴含的历史故事。

3. 培育幼儿热爱家乡的情感。

活动准备：

1. 经验准备：请家长周末带幼儿到青岩参观青岩万寿宫里的戏楼。

2. 其他准备：青岩戏楼相关图片、桌椅（围成半圆形）。

活动过程：

1. 引起兴趣。

❀ 提问：

小朋友们去过青岩吗？在青岩你都看到了什么呢？

2. 欣赏青岩戏楼的基本结构。

❀ 提问：

（1）这里你们去过吗？这个建筑叫什么名字？与我们平时看到的房子有什么不同？

（2）为什么戏楼只有两层？上层有什么用？下层用来做什么？（青岩戏楼是两层建筑，上层为戏台，下层为演员出入口）

（3）为什么戏台三面是空的，没有墙？

（4）为什么戏台前方有两根又高又粗的柱子？它是什么材质做的？有什么作用？

3. 欣赏青岩戏楼的飞檐翘角。

🌸 提问：

（1）戏楼的屋顶是什么样子呢？你有什么感觉？（感知飞檐的姿态美）

（2）屋角上有什么图案？看起来像什么？（飞檐翘角的特征）

教师小结：飞檐翘角又称"飞檐斗角"，是中国传统建筑中檐部的形式之一，多指屋檐，特别是屋角的檐部向上翘起，若飞举之势，常用在亭、台、楼、阁、宫殿、庙宇等建筑的屋顶转角处。四角翘伸，形如飞鸟展翅，轻盈活泼，所以也常被称为"飞檐翘角"，寓意人们生活日益美好。

4. 欣赏青岩戏楼吊敦。

🌸 提问：

（1）屋角下有什么？

（2）屋角下有什么图案？像什么？

教师小结：戏楼檐口下有独具匠心的吊墩（俗称"垂花柱"），有木质透雕的"双狮争雄"撑拱，在贵州的古建筑中实为少见，是难得的古建筑精品。

🌸 提问：

戏楼都有哪些颜色？给你什么感觉？（吉祥、庄重）

5. 青岩戏楼的木雕历史故事。

✿ 提问：

（1）你们觉得青岩戏楼和其他建筑有什么不一样的地方吗？

（2）在戏台的下方你们还看见了什么？这些图案一样吗？为什么？

（3）你们猜猜这些图案的背后都有哪些故事呢？（教师讲述"韩信点兵"的故事，激发幼儿对中国历史故事的兴趣）

教师小结：青岩戏楼在青岩的万寿宫里，是木质的双层楼，是典型的中国式吊脚楼建筑，也是古代用来表演戏曲的场所。戏楼下方有很多精细的木制雕刻作品，起到装饰的作用，其中，内容有"鸿门宴""韩信点兵""十面埋伏"等。

6. 讨论。

✿ 提问：

你喜欢这座戏楼吗？为什么？

7. 活动延伸。

（1）引导幼儿运用绘画、手工等方式，表现出戏楼的特点。

（2）让幼儿利用纸偶在搭建的戏楼上模拟戏剧表演。

附　件

1. 教学方法

对话法：青岩古镇的建筑就在我们身边，但是幼儿对这些建筑的特点不了解，教师引导幼儿通过语言，对建筑进行综合性描述，帮助幼儿加深理解，加深印象，以此来提高审美意识。

对比法：教师引导幼儿将身边的现代建筑与青岩戏楼进行对比，让幼儿了解并感知建筑的独特魅力与历史文化。

2. 相关知识

万寿宫亦称"天柱宫"，又名"江西会馆"，为道教宫观，清乾隆四十三年（1778 年）由江西客民建，嘉庆三年（1798 年）和道光十二年（1832 年）皆重修。万寿宫总占地面积约 1100 平方米，整座宫院坐东朝西，由正殿、配殿、两厢、戏楼和生活区组成一个大建筑群。

戏楼的飞檐翘角常被称为"飞檐斗角"。飞檐为中国建筑风格的重要表现之一，通过对檐部的这种特殊处理和创造，不但扩大了采光面，有利于排泄雨水，还增添了建筑物向上的动感，仿佛是一种气将屋檐向上托举，建筑群中层层叠叠的飞檐更是营造出壮观的气势和飞动轻快的韵味。

3. 欣赏图片

图一

图二

（贵阳市花溪区第三幼儿园　彭昌飞拍摄）

4.幼儿作品

美术欣赏

黎平鼓楼（大班）

贵阳市花溪区第三幼儿园　李慧

活动目标：

1. 通过观察、欣赏黎平鼓楼，感受其独特的外形及建筑美。

2. 了解鼓楼背景，激发幼儿热爱家乡的情感。

活动准备：

桌椅（围成半圆形）、黎平鼓楼图片。

活动过程：

1. 观察了解黎平鼓楼的外形特点，感受其独特的造型美。

❀ 提问：

（1）你看到了什么？你觉得它像什么？

（2）它有几层？它有多少个角？它的角有什么特点？（楼檐一般为四角、六角、八角，它的重檐层层叠叠，从上而下，突出的部分都有翘角）

（3）它的下面是什么样子的？上面又是什么样子？（引导幼儿感受鼓楼下宽上窄的特点）

（4）你觉得它是什么形状？

（5）你最喜欢这个建筑的哪个部分？看到这个建筑，给你什么样的感觉？（雄伟、壮观等）

教师小结：图片上的建筑叫"黎平鼓楼"。从外观看，黎平鼓楼由下至上逐层缩小，形成上下檐层叠形状，形似伞状。黎平鼓楼属于全木建筑，不用一钉一铆，由于结构设计合理，可长达数百年不朽不斜。

2. 了解黎平鼓楼的建筑文化。

✿ 提问：

（1）你知道黎平鼓楼是哪个民族的建筑吗？（侗族）

（2）你知道黎平鼓楼是用什么材料建成的吗？（木头）

（3）名字叫鼓楼，你觉得里面有鼓吗？

（4）你觉得鼓楼有什么作用？

播放视频，了解鼓楼的建筑特点及意义。

3. 激发幼儿热爱家乡的情感。

✿ 提问：

（1）欣赏和了解黎平鼓楼之后，你有什么感想？

（2）你喜欢我们的家乡——贵州吗？

教师小结：我们贵州还有许多有特色的建筑，例如吊脚楼、石板房等都非常有特点，还吸引了许多外国友人来到贵州参观，欣赏贵州的建筑美。你们假期可以请爸爸妈妈带你们去现场感受一下，欣赏家乡的特色建筑。

附　　件

1. 教学方法

对话法：整个活动采用对话的方式，帮助幼儿了解黎平鼓楼的外形特点以及建筑背景。

2. 相关知识

鼓楼是侗乡具有独特风格的建筑物，座座鼓楼高耸于侗寨之中，巍然挺立，气势雄伟。层层而上呈宝塔形，瓦檐上彩绘或雕塑着山水、花卉、龙凤、飞鸟和古代人物，五彩缤纷。从有侗族村寨的时候起，就有鼓楼了，侗族人民自古以来就有集中聚居的特点，侗寨鼓楼一般是按族姓建造，每个族姓都有一座鼓楼。鼓楼下端呈方形，四周置有长凳，中间有一大火塘，楼门前为全寨逢年过节的娱乐场地。每到夏天，男女老少到此乘凉，冬天来这里围火、唱歌、弹侗族琵琶、讲故事。

在侗族历史上，凡有重大事宜需要商议，或者抵御外来侵入者骚扰，均击鼓以号召群众，鼓在侗族人民的生活中起到十分重要的作用。

3. 欣赏图片

图一

图二

图三

图四

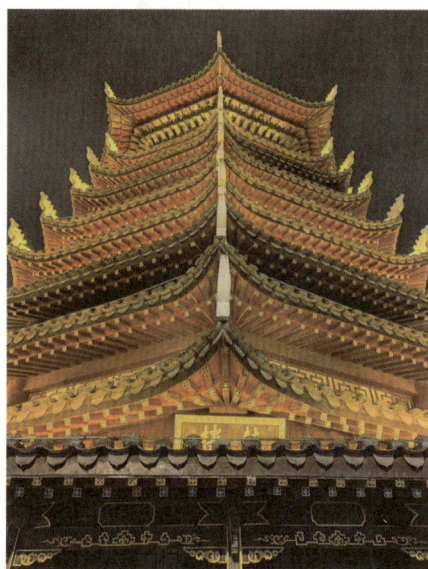

图五

（贵阳市花溪区第三幼儿园　李慧拍摄）

美术欣赏

牌楼的奥秘（大班）

贵阳市花溪区第三幼儿园　郑丽娅

活动目标：

1. 欣赏贵州的牌楼，了解牌楼的结构特点，感受牌楼的建筑独特美。

2. 了解修建牌楼的意义。

3. 激发幼儿热爱家乡的情感。

活动准备：

桌椅（围成半圆形）、各种牌楼图片。

活动过程：

1. 初步欣赏牌楼的结构特点。

老师去旅游的时候看到了一些奇特的建筑，特地拍下来，现在分享给小朋友们。

提问：

（1）你们谁见过这种建筑吗？在哪里见过？它叫什么？

这些都是我们贵州的建筑，在贵州有很多这种建筑，它叫作"牌楼"。

提问：

（2）这些牌楼和我们平时看到的建筑一样吗？有什么不同之处？（引导幼儿说出牌楼的不同之处，如屋顶、柱子、图案、字、材料等）

（3）你最喜欢牌楼的什么地方？为什么？

2. 欣赏凯里下司古镇狮佑坊木牌楼，了解牌楼的特点。（出示图一）

✿ 提问：

（1）牌楼屋顶是什么样的？屋檐顶上有什么？屋檐角是什么样子的？屋顶有几层？用什么材料修建？（楼牌上面有很多龙、凤、鱼等图案，古时候，这些图案是有祝福及美好寓意的）

（2）这张照片上的牌楼有几根柱子？柱子是怎么排列的？四根柱子一样吗？柱子的底部是怎么样的？有什么用途？用什么做的？（夹石杆或基座是为了使柱子能够稳稳地站立）

（3）牌楼的上半部分有什么？中间部分有什么？图案是什么样子的？像什么？在哪里见过？它叫什么？坊梁上这些字你们认识吗？为什么要在上面写字呢？有什么作用呢？

（4）如果把牌楼分成三部分，中间和左右两侧一样吗？有什么特点？（左右两侧有对称的特点）

教师小结：现在我们了解到下司古镇狮佑坊木牌楼是一座古建筑，其建筑特点是：屋顶有两层，屋顶是翘脚的，有龙、鱼等的图案；牌楼中间由柱子支撑，中间高，两边低，中间坊额牌匾上的字是地名；牌楼左右两侧是对称的，对称是中国古建筑中一个典型的特征。

3. 了解古时修建牌楼的意义。

✿ 提问：

为什么古人要修建牌楼？牌楼一般会修建在哪里？

教师小结：牌楼最初起源于周朝，是古时候人们用来祈福的，祈求人们的生活风调雨顺、无病无灾，代表着吉祥之意。牌楼会修建在最突出、最显眼的地方，是一种装饰性的高大建筑，成为地方一种标志性建筑。

4. 欣赏几种不同的牌楼，帮助孩子进一步了解现代牌楼的建筑意义。（出示几种牌楼图片）

❋ 提问：

这些牌楼和刚刚的牌楼一样吗？哪里不一样？现在为什么还要修建牌楼呢？

教师小结：从这些照片中可以看出，有的牌楼由木头建的，有的牌楼由石头建的，还有的牌楼是由石头和木头一起建的。牌楼作为中国古代建筑的一种标志性建筑，被人们保护了起来，一直沿用至今。

现在，牌楼不再用来祭祀、祈福，而是用来代表一些地名，成为一个地方的标志性建筑物；或者作为当地特色的建筑物，就像我们欣赏的照片中，凯里收费站的牌楼就是现代建造的，牌楼上的"凯里"二字是让人们知道这个地方是凯里。现在修建的牌楼更加坚固。这些有特色的牌楼为我们的城市增光添色。

5. 活动延伸。

❋ 提问：

你们想变成建筑师吗？

老师这里有很多雪花片，大家可以用雪花片尝试制作出这样漂亮的牌楼哦，大家一起来试试吧！

附　件

1. 教学方法

对话法：以问答的方式，引导幼儿欣赏家乡的牌楼，了解牌楼的种类与结构特点，以及人们修建牌楼的意义。

对比法：幼儿通过观察古时牌楼与现代牌楼的图片，将两者进行对比，发现两者的异同之处，并大胆表达自己的认识。通过欣赏家乡的牌楼建筑，激发幼儿热爱自己家乡的情感。

2. 相关知识

牌楼是一种古老而具有中国特色的建筑形式，通常由木质或石质建造，由两侧立柱支撑横梁，上面刻有精美的图案或文字。牌楼最早见于周朝，是古时人们用来祈福的，后来逐渐演变成了一种常见的建筑形式。在明清时期，牌楼得到了广泛应用，成为城市建筑和园林景观的常见元素。牌楼的形式也逐渐丰富多样，有单层、双层、多层、单孔、多孔等不同形式。

牌楼不仅在外形上展现了建筑师和工匠们的技艺，也体现了中国人对于精神信仰和文化传承的重视。牌楼上的图案和文字多为祝福或表彰之意，有些牌楼还刻有诗词或历史事件的纪念碑文，成为重要的文化遗产。

3. 欣赏图片

图一

图二

图三

图四

图五

（贵阳市花溪区第三幼儿园　郑丽娅拍摄）

4.幼儿作品

美术欣赏

花溪的桥（大班）

贵阳市花溪区第三幼儿园　潭梅

活动目标：

1. 了解欣赏花溪各种各样的桥，感受花溪桥的美。

2. 尝试用不同方式，设计、绘画自己喜欢的桥。

3. 感受家乡的变化，激发幼儿热爱家乡的情感。

活动准备：

1. 经验准备：活动前家长带幼儿去参观花溪的一座桥。

2. 其他准备：桌椅（围成半圆形）、记号笔、勾线笔、水彩笔、水粉纸、颜料盘、水桶、抹布、花溪的桥的图片。

活动过程：

1. 初步自由讨论感受。

✿ 提问：

（1）周末，爸爸妈妈都带小朋友去参观了花溪的桥，谁来给我们介绍一下你参观的桥，它是什么样子的？

（2）你觉得桥哪里美？为什么？

2. 欣赏花溪的桥的图片，感受桥的不同之美。

今天老师也带来几张我们花溪的桥的图片，我们一起来欣赏一下它们的模样吧！

✿ 提问：

你看到了什么桥？它叫什么名字？

教师逐一介绍花溪百步桥、花溪大桥、花溪湖大桥。

3.引导幼儿仔细观察桥的不同结构特征。

✿ 提问：

（1）它是什么样子的？它像什么？

引导幼儿欣赏桥洞、桥墩、桥柱，观察这些桥的不同之处。

✿ 提问：

（2）这三座桥有哪些地方不一样？（对比桥的不同之处）

（3）你喜欢哪一座桥？为什么？

（4）你喜欢的桥美在哪里？

4.激发幼儿创作兴趣，让其大胆创作。

✿ 提问：

（1）你觉得我们的身边哪里需要一座桥？为什么？

（2）如果让你来设计一座桥，你会设计什么桥？它是什么样子的？（幼儿尝试用不同的工具、材料进行创作）

（3）你设计的是什么桥？你的桥有什么独特之处？（分享作品）

5.活动延伸。

（1）说说桥的故事。

（2）制作手工桥。

附　　件

1. 教学方法

对话法：在教学活动之前，教师请家长带着孩子去参观花溪的一座桥，初步了解桥的外形特征、建造渊源以及相关故事，让孩子与老师、同伴进行交流，讨论自己对于桥的发现，表达自己的感受。

比较法：通过欣赏三种极具花溪特色的桥，让孩子去寻找和比较不同桥的独特之处，感受不同的桥的美。

2. 相关知识

（1）花溪百步桥：花溪公园是贵阳市的一张名片，公园内有很多值得观赏的地方，百步桥就是其中之一。所谓百步桥，就是在穿园而过的花溪河上，有一处供游客行走的小桥，其特色是由一百三十多个石墩组成。石墩弯弯曲曲，溪水在石墩之间流过，人行之上，听溪水声响，看清澈水底，真可谓"桥在水中过，水在桥中流"。在花溪百步桥上行走，与自然相拥的愉悦感油然而生，惬意自在心头。

（2）花溪大桥：花溪大桥位于贵阳市花溪区花溪湿地公园区域内，于1979年8月建造完成，距今已四十余年，是一座8孔40米钢筋混凝土空腹式双曲拱桥，全长381米，是中国当时最长的铁路双曲拱桥。

（3）花溪湖大桥：花溪湖大桥全长278米，为11连孔拱桥，桥面为圆弧曲线，横跨花溪湖大湖面，于2018年10月建造完工，为花溪这座公园城市增添宏伟亮丽的人文景观。

3. 欣赏图片

图一（花溪百步桥）

图二（花溪大桥）

图三（花溪湖大桥）

（贵阳市花溪区第三幼儿园　谭梅拍摄）

美术欣赏

走进黎平风雨桥（大班）

贵阳市花溪区第三幼儿园　李慧

活动目标：

1. 通过欣赏黎平风雨桥，感受其外形的独特美。

2. 了解黎平风雨桥的背景及结构特点。

活动准备：

桌椅（围成半圆形）、各类风雨桥图片、黎平风雨桥的介绍视频。

活动过程：

1. 激发幼儿兴趣，了解黎平风雨桥的外形结构特点。

❀ 提问：

（1）你们都知道有哪些桥？它是什么样子的？

老师今天带来了一个关于新的桥的视频，我们一起来看看吧！（播放黎平风雨桥的视频）

❀ 提问：

（2）你看到了什么？

出示黎平风雨桥图片，引导幼儿欣赏。

❋ 提问：

（3）它的外形有什么特点？它的顶部是什么样子的？像我们生活中见过的什么东西？

（4）桥的檐角是什么样子的？（檐角飞翘）

（5）你喜欢这个建筑的哪个部分？

教师小结：黎平风雨桥是侗族文化的标志之一，最大的特点就是集桥、廊、亭三者于一身。上层是亭塔式的多层建筑，青瓦覆盖，飞檐翘角，顶有宝葫芦装饰，被称为世界十大最不可思议桥梁之一。

2.对比不同形式的风雨桥，了解不同风雨桥之间的异同。

风雨桥不是我们贵州独有，湖南、湖北、广西等地也有风雨桥。我们一起来看一看，不同地方的风雨桥都有什么特点吧！

❋ 提问：

（1）这些风雨桥都有什么特点？和贵州黎平风雨桥有什么异同之处？

（2）你知道这些桥为什么叫风雨桥吗？

教师小结：风雨桥的相同点都是亭塔式的多层建筑，上面的材料用的是瓦，檐角都是飞翘的，整体结构也大致相同。但是在外形上，不同地方的风雨桥有着不同的特点，有的翘脚大、有的小；造型也有所不同，宝葫芦等的数量也不一样。风雨桥优美坚固，既可供人休息、行走，又可挡风避雨，所以叫风雨桥。黎平风雨桥不用一钉一铆，各处严丝合缝，年长日久也并未松动走形，可见其工艺的精湛。

老师今天和小朋友们一起了解和欣赏风雨桥，以后有机会你们可以去看你们喜欢的风雨桥。

附　　件

1. 教学方法

对话法：第一个环节采用对话的方式，让幼儿了解风雨桥的外形特点。

比较法：第二个环节将贵州的风雨桥与其他地方的风雨桥进行对比，发现不同风雨桥的相同和不同之处，让幼儿进一步了解风雨桥。

2. 相关知识

黎平风雨桥是侗族文化的标志之一，最大的特点是集桥、廊、亭三者于一身。黎平风雨桥下层是石墩立于河中央，中间是桥面走廊，有两排长凳，上层是亭塔式的多层建筑，青瓦覆盖、飞檐翘角，上有葫芦宝顶。桥廊顶背上彩塑双龙抢宝、鸾凤展翅、鸳鸯比翼等图案。长廊两壁上端，用木板雕刻各种历史人物，或彩画神话故事。风雨桥构思精巧，造型独特，融审美和实用于一体。

整座桥的梁、柱、枋、板等木构件，全系穿榫斗扣衔接拼合，不用一钉一铆，各处严丝合缝。黎平风雨桥是侗族人民美好愿望的寄托。

3. 欣赏图片

图一

图二

（贵阳市花溪区第三幼儿园　李慧拍摄）

美术欣赏

贵州的桥（中班）

贵阳市观山湖区第一幼儿园　潘俊霖

活动目标：

1. 通过对比、欣赏北盘江第一桥和清水河大桥，了解和感受现代桥梁的美与设计理念。

2. 感受现代桥梁造型简洁、线条挺拔流畅带来的视觉美。

3. 激发幼儿对欣赏贵州建筑的兴趣，感知家乡的美，热爱家乡。

活动准备：

北盘江第一桥图片、清水河大桥视频和图片、纸、笔。

活动过程：

1. 谜语导入。

驼背老公公，趴在河当中，背上有人行，腹下也可通。请小朋友们猜一猜这是什么？（谜底：桥）

2. 欣赏讨论。

出示北盘江第一桥和清水河大桥的图片。

✿ 提问：

（1）小朋友们看到了什么？是什么样的桥？

（2）小朋友们看一下，这两座大桥它们都是修建在哪里的？都由哪些部分组成？（桥面、桥墩、斜拉索、悬索）像什么？

（3）这两座桥有什么相同或者不同的地方吗？

（4）桥看起来像什么？

（5）桥的身上都有哪些线条？

（6）你喜欢这两座桥吗？为什么？

3. 桥的故事。

🌸 提问：

（1）小朋友们知道为什么会修建这样的大桥吗？

（2）这些大桥又有什么故事呢？

教师介绍北盘江第一桥和清水河大桥的基本情况。

4. 我是设计师。

现在请小设计师们也为贵州设计一座大桥，注意实用的同时色彩和线条也要搭配得美美地哟。

5. 分享展示。

附　　件

1. 教学方法

对话法：在描述阶段与形状分析阶段运用该方法，引导幼儿从造型、线条等方面充分欣赏贵州现代最具代表性的两座大桥，并表达自己的感受。

比较法：出示两座大桥的图片，并请幼儿欣赏，鼓励幼儿用比较的方法找到桥的特征，了解现代建筑设计实用性与艺术性相融合的特点。

2. 相关知识

北盘江第一桥：位于贵州与云南交界处的尼珠河上，因其相对高度超过四渡河大桥，刷新世界第一高桥纪录而闻名中外。北盘江第一桥主桥采用双塔双索面

钢桁梁斜拉桥，主梁采用由钢桁架和正交异性钢桥面板结合的钢桁梁结构体系，主桁架采用普拉特式结构，桥塔采用 H 形钢筋混凝土结构，桥塔基础采用群桩基础。斜拉桥有很多细细的线条，搭配桥身的粗线条，看起来很漂亮，而且也实用。

清水河大桥：位于贵州省贵阳市开阳县与贵州省黔南布依族苗族自治州瓮安县交界处，是全球最大的单跨板桁结合加劲梁悬索桥、亚洲第一山区钢桁梁悬索桥，是"桥梁博物馆"里的一颗璀璨明珠，为世界第二高桥。清水河大桥主缆曲线柔美，梁、塔几何构图刚劲，两者结合相得益彰，使桥型清晰、动态分明。清水河大桥采用凸形竖曲线，不但避免较大跨度在视觉上下垂的错觉，而且会给桥梁施以拱形的外观，增加桥梁的跨越感。

3. 欣赏图片

图一（北盘江第一桥）

图二（北盘江第一桥）

图三（清水河大桥）

图四（清水河大桥）

（图一、图二为 AmorHsu 拍摄，图三、图四为蔡骐鸿拍摄）

美术欣赏

神秘的夜郎谷（大班）

贵阳市花溪区第三幼儿园 莫媛

活动目标：

1. 欣赏夜郎谷石头人像夸张的五官和奇特的面部表情。

2. 知道石头人像建造的方法。

3. 激发幼儿对家乡建筑美的探索兴趣。

活动准备：

教学 PPT、访问视频、石像制作视频。

活动过程：

1. 教师扮演导游导入。

欢迎小朋友们来到我们花溪区的一个很特别的风景区，这个地方名叫"夜郎谷"。

2. 初识夜郎谷。

播放夜郎谷全景视频，幼儿观看。

提问：

小朋友们，当你们看到这样一个城堡的时候心里有什么特别的想法吗？

引导幼儿"走进"夜郎谷，并仔细欣赏其中的风景。

3. 引导幼儿欣赏石头人像的外形特征，重点观察石像面部那夸张怪异的五官。

✿ 提问（出示图一）：

（1）小朋友们快来看看这座石像，它长得好夸张呀！你们观察一下这个石头人的五官和我们的五官有什么区别呀？它的眼睛是什么形状呀？它的鼻子又有什么特别的地方呢？

继续追问幼儿石像的嘴、牙齿、头发等部位的特别之处。

✿ 提问（出示图二、图三、图四、图五）：

（2）大家看看这四个石像有什么特别的地方吗？你最喜欢哪一个石像呢？为什么？

教师小结：小朋友们欣赏了这么多的石像，感觉它们和我们平时看到的人像都不一样，它们有的眼睛很大很突出，有的鼻子很大很特别，有的嘴巴很大很奇怪，而小朋友们的这些感觉我们都可以用"夸张"和"奇特"等词语来形容，小朋友们如果在以后的生活中看到了这些类似的东西时就可以用这些词语来形容了。

4.引导幼儿探索石头人像的建造方法。

播放工人建造石像的录像，引导幼儿观察。

✿ 提问：

你看到了什么？这些工人在干什么？他们是怎样去做的？

出示一张石像图片，请幼儿来分析石像的搭建方法。

出示两组对比图，总结石像的搭建方法。

5.播放采访宋培伦老师的视频，激发幼儿的创作兴趣。

✿ 提问：

小朋友们，我们了解了有关夜郎谷的这么多东西，可是你们知道是谁创造了它吗？

（出示宋培伦老师的照片）这就是我们夜郎谷的创作者——宋培伦宋爷爷，他有一些关于夜郎谷的小秘密想和小朋友们分享，我们一起来听听吧。（播放采访视频）

教师小结：观看视频后，大家现在都知道是宋培伦爷爷创造夜郎谷了，其实夜郎谷离我们幼儿园是非常近的，就在花溪大学城附近，周末小朋友们可以和爸爸妈妈一起去到这座神秘的城堡，探索它更多的秘密！

附　　件

1. 教学方法

对话法：教师向幼儿提出问题，幼儿回答问题，进而引导幼儿欣赏石头人像。

对比法：引导幼儿对各种各样表情不一的石像进行对比，并将自己的感受表达出来。

2. 相关知识

夜郎谷："夜郎自大"的典故家喻户晓，在两千多年前秦汉时期出现的夜郎古国，与古楼兰国、古且兰国齐名。穿越历史神秘的隧道，夜郎文化魅力无穷，贵州的一个"夜郎谷"，更是融汇了一个现代人对古夜郎的全部想象。

花溪夜郎谷位于贵安新区花溪大学城斗篷山脚的小峡谷里，是贵州著名艺术家宋培伦创作的。相传，斗篷山曾是夜郎王后继金竹司的住所。山顶上仍保留着古夜郎屯堡的遗址，夜郎谷也因此得名。这里有石头建筑、雕塑和陶艺等，这些都充满了浓郁的艺术气息，同时这里也有一些画家的工作室。

3. 欣赏图片

图一

图二

图三

图四

图五

图六（图中右边为宋培伦老师）

（贵阳市花溪区第三幼儿园　莫媛拍摄）

美术欣赏

神圣的贵阳孔学堂（大班）

贵阳市花溪区第三幼儿园　陈婷婷

活动目标：

1. 了解修建贵阳孔学堂的意义。

2. 通过欣赏视频、图片，感受贵阳孔学堂建筑中汉唐风格的恢宏大气。

活动准备：

贵阳孔学堂全景视频、贵阳孔学堂大成殿照片、桌椅（围成半圆形）。

活动过程：

1. 播放图片，引起幼儿兴趣。

❀ 提问：

你们到过贵阳孔学堂吗？你们知道贵阳孔学堂是用来做什么的吗？

介绍孔子，让幼儿初步了解孔子。

2. 感受贵阳孔学堂的建筑特点。

（播放全景视频）刚才我们欣赏了贵阳孔学堂的全景，了解了它的建筑特征，它是由棂星门、大成门、礼仪广场、大成殿、杏坛组成，大成殿是贵阳孔学堂的中心，也是纪念孔子的中心场所。

❀ 提问：

我们刚才观看了贵阳孔学堂的视频，贵阳孔学堂给你什么样的感觉？

3.感受贵阳孔学堂大成殿的建筑特点。

（播放大成殿全景的视频）

✿ 提问：

（1）大成殿的外形看上去像什么？（一座宫殿）

（2）看了大成殿后你有什么感觉？（气势恢宏）

（3）你们看出大成殿可以分为几个部分吗？哪两个部分呢？（上、下两部分，上面的架空层和下面的六根柱子）

（4）我们看到的架空层也就是房顶，那房顶有什么呢？有几层屋檐？房顶上的线条是怎么样的？（两层屋檐、直线）

（5）房顶全部用直线给你什么的感觉？

（6）六根柱子为什么是空心的呢？

（7）大成殿是用什么材料做的呢？

（8）大成殿的前面还有什么？和我们幼儿园的操场比一比，会怎样？如果广场上站一个人，有什么样的感觉？

（9）两千多年前，孔子就在学堂里和他的学生一起学习，你们觉得贵阳孔学堂适合学习吗？为什么？（安静、宽敞）

教师小结：贵阳孔学堂的设计大胆创新，自成一体，以汉唐风格为主，一改各地孔庙主要采用明清建筑风格的筑法，主要体现在视觉上的恢宏大气。

4.初步了解修建贵阳孔学堂的意义。

出示山东的孔府、孔庙、孔林的图片，配上文字介绍，最后强调修建贵阳孔学堂的意义。

教师小结：春秋时期，孔子带领学生学习知识和礼仪，他们讲学的地方在后世备受尊崇。贵阳孔学堂是以"传承与弘扬儒学的圣殿，教化与开启新风的基地"

为目标，具有教化、礼典、祭祀、典藏、研究、旅游等六大基本功能，它不但能够满足公民对道德教育的需求，平时也可以在这里吟诗作赋、品茶下棋、旅游观光，还可以举办"开笔礼""成人礼""中华婚礼""敬老礼"等文化活动。

附　　件

1. 教学方法

对话法：引导幼儿观看视频及图片，老师通过层层递进的提问方式向幼儿介绍孔学堂。

2. 相关知识

孔子是我国春秋时期著名的思想家、教育家、政治家，也是儒家学说的创始人。孔子小时候学习刻苦勤奋，长大后又教出弟子三千，创立儒家学说，为我国古代教育事业做出杰出的贡献，被人们称为"圣人"。

贵阳孔学堂坐落于贵州省贵阳市南郊，西邻花溪河，俯瞰国家级湿地公园——十里河滩。按功能划分为"公众教化区""中华文化国际研修园""文化创意产业园"。

中国现有的大部分孔庙，功能基本都是以祭祀为主。贵阳孔学堂在功能定位上是以"传承与弘扬儒学的圣殿，教化与开启新风的基地"为目标，具有教化、礼典、祭祀、典藏、研究、旅游等六大基本功能。贵阳孔学堂，出自贵州省建筑设计研究院总规划师刘兆丰的手笔。

贵阳孔学堂的建筑风格，具有四个特点：

（1）遵循孔庙基本规制，以保留核心元素为基础，像孔庙，但又不完全是孔庙。所谓"像孔庙"，是说具有孔庙的核心元素，"但又不完全是孔庙"，是说它的祭祀功能弱化，学习传播功能增强。

（2）结合贵州地域文化，设置了祭祀贵州名儒的乡贤祠和祭祀明代大儒王阳明的阳明祠。建材大量使用本地石材，以灰、黑、白为主要色调。

（3）顺应山形地势。孔学堂主轴线建筑坐西南朝东北。依山傍水，顺应自然山水走势。整体以中国传统的"井"字形布局为基础的创新布局，呈一纵两横"三轴交联"之势。

（4）大胆创新，自成一格。建筑特点以汉唐风格为主，一改各地孔庙主要采用明清风格的筑法，主要体现在视觉上的恢宏大气。

3. 欣赏图片

图一

图二

图三

（贵阳市花溪区第三幼儿园　陈婷婷拍摄）